LOCUS

LOCUS

LOCUS

LOCUS

mark

這個系列標記的是一些人、一些事件與活動。

Mark 173

我的戰場在產房：無國界醫生在阿富汗、伊拉克迎接新生命的熱血救援記事

作者：王伊蕾
編輯：李清瑞
封面設計 & 內頁排版：曾微雅
出版者：大塊文化出版股份有限公司
105022 台北市松山區南京東路四段 25 號 11 樓
www.locuspublishing.com
locus@locuspublishing.com
讀者服務專線：0800-006-689
電話：02-87123898　傳真：02-87123897
郵政劃撥帳號：18955675　戶名：大塊文化出版股份有限公司
法律顧問：董安丹律師、顧慕堯律師

總 經 銷：大和書報圖書股份有限公司
新北市新莊區五工五路 2 號
電 話：02-89902588　傳真：02-22901658

初版一刷：2022 年 8 月
定價：380 元
ISBN：978-626-7118-62-7

我的戰場在產房

王伊蕾——著

無國界醫生在阿富汗、伊拉克
迎接新生命的熱血救援記事

目次

PART 1

前進阿富汗

2

PART

伊拉克救援任務

3 PART 外派生活點點滴滴

推薦序

俠女風範——我的同學王伊蕾醫師

莊人祥／衛生福利部疾病管制署副署長

我和伊蕾同學七年，一九九二年畢業迄今即將滿三十年，由於她的先生梁文議醫師（目前是台北榮總外科病理科主任）也是我們同班同學，梁醫師與我在學生時代還曾是同寢室室友，畢業後住家也住在附近，再加上他們常在家裡辦同學聚會，因此，我對伊蕾為人處世態度甚為清楚。據我的觀察，伊蕾從學生時代起即是個品學兼優的好學生，但個性就像電影裡面的俠女一樣，為人直爽開朗、熱心助人，甚至會有些好管閒事。

陽明醫學系公費生在畢業時依規定要服務六年，我選擇留任母校社會醫學科擔任助教，服務五年後申請到美國哥倫比亞大學攻讀醫學資訊學博士；同一時間伊蕾則選擇在臺北榮總婦產科進行四年的住院醫師訓練，拿到婦產科專科醫師執照後再下鄉服務兩年。畢業八年後（二〇〇〇年）她決定自行開設婦產科診所，同時在她先生的協助下設置了「女人心事——婦產科諮詢服務網」（網址為http://www.obsgyn.net/，網站目前改名為「幸福婦產科」），全方位提供女性在婦產科方面的正確衛教知識，在當時國內婦產科診所的開業生態下，可算是前所未有的創舉。這是我所謂的好管閒事的例證之一。

二〇〇二年底我博士學位口試通過後，即從紐約返國回到當時的陽明大學衛生資訊與決策研究所任職，次年伊蕾主動與我聯繫，表示希望能開設一門網路與醫療的課程，以將其經驗與甘苦分享給母校的醫學系學弟妹及有興趣的研究生，後來伊蕾和我就真的在二〇〇四年二月合開了一門「網路與醫療」的課程給醫學系四年級學生及研究生選修，我們一起討論要找哪些專家來上課，文議與伊蕾也都各上了一堂課，甚至在最後一堂課帶來了豐盛的早餐給上課的同學享用。

這是好管閒事例證之二。不過這門課在我二〇〇五年二月轉換跑道到當時的疾病管制局服務後無疾而終。

「無國界醫生」是一獨立的國際人道救援組織，全球有超過四萬名的人員在第一線為成千上萬因瘟疫、戰火而面臨生存威脅的人們提供緊急醫療協助。我特別注意到「無國界醫生」這個組織，是在二〇一四年時西非爆發大規模伊波拉疫情，若非當時「無國界醫生」救援工作者的積極動員且扮演極為關鍵的角色，伊波拉疫情在全球蔓延恐一發不可收拾。至於伊蕾後來竟然暫停婦產科診所業務，毅然報名加入「無國界醫生」的行列，風塵僕僕地跑到烽火連天的阿富汗與伊拉克境內，幫貧窮弱勢的產婦接生、搶救新生命，這當然是好管閒事例證之三。

伊蕾從阿富汗及伊拉克參與「無國界醫生」救援工作結束回來後，在同學會上將其見聞與大家分享，當時即已引起不少同學好友的注意與討論。《我的戰場在產房》這本書除了滿足讀者一窺戰亂下在儀器、檢驗及人力都不足的情況時，醫護人員還是得使出十八般武藝盡力搶救產婦與新生兒的生命；同時也具知識性，讀者也可藉本書認識阿富汗與伊拉克的文化與現狀；另外，也對於有志於參與「無國界醫生」但不知如何申請及後續準備過程的熱血人士提供一盞指引的明燈。

推薦序

點起生命的火花

劉鎮鯤（Chiels）／無國界醫生基金會董事長

二〇〇八年，我就是王伊蕾醫師所描述會參加「無國界醫生」的兩類人當中，其中三十幾歲，未有家累的那一類。加入了「無國界醫生」之後，從前線人員，接著成為香港及布魯塞爾行動中心董事會成員，香港董事會主席，至今日臺灣財團法人無國界醫生基金會現職。十三年多，從新人，變成了無國界老人。

在得知不僅是臺北榮民總醫院的前輩，也是恩師大學同學的王醫師要加入「無國界醫生」的時候，有一種奇妙的感覺。一位醫界前輩，成了自己服務十年組織的新人。她即將面臨的挑戰與生活，卻是自己曾經的日常。

而讀著王醫師描述的前線經驗，那些曾經發生在任務生活的一點一滴，隨著王醫師的字句，那些彷彿已成為黑白的記憶，重新上色，轉動了起來。好比Nutella巧克力醬，在前線我們稱為「維他命N」，神聖不可侵犯，誰敢動別人的Nutella醬，是會拼命的。王醫師與同事一起看電影，我用投影機放當年韓國流行名曲〈Nobody〉，還有荷蘭婦產科醫師學會整套舞步。布魯塞爾市中心的金源超市，是出任務前的補給站，每次都必然要帶上麵條與醬、麻、蠔三油，才會安心出發到前線。

專業上如王醫師描述，在任務裡，尊重當地文化與當地同事的才能，一直是重要且不可或缺的一環。身為其他國家來的外派人員，了解並融入當地習俗，才有可能被接納。是確保醫療專業可以最大傳遞到所需幫助的人身上的必要條件。才有可能在有限的任務時長，提供最適切的醫療服務。在參加「無國界醫生」初期，我也曾懷疑過自己的專業是否不如西方醫師？幾個任務之後，在同僚的肯定下疑慮不復存在。還有運用有限的醫療資源，加上一點點的創意，在前線就可以創造出極大的價值。

曾在一個受訪裡被問了這個問題：在任務裡，跟文明現實裡，想念哪個比較多？

當時的回答是：在文明世界裡想念出任務的時間多，在任務裡想念文明世界的時間少。因為在那，很清楚總有一天會回到文明世界。但回來之後，卻不知道什麼時候會再回到那個世界裡。

感謝王伊蕾醫師寫下她的前線經驗並付梓，那些曾經發生在生命中，幫助過他人的經歷，或許不應該被埋藏在記憶角落。願讀了這本書的你，能被點起一絲火花，去探尋一個不一樣的人生經驗。

15 推薦序　點起生命的火花

推薦序

黑袍醫者的驚奇之旅

丘美珍／品學堂文化長、專欄作家

伊蕾在臉書宣布，「我要前往阿富汗擔任『無國界醫生』」那一天，我從 Messenger 私訊給她：「請妳一定要保重！請一定盡可能記下妳看到的人事物。」

在那之前，我從來沒有想到，伊蕾會做出這樣重大的選擇。

伊蕾跟我念同一所高中，同一屆。但我們卻是在高中畢業三十年的重聚活動中才認識的。第一次看到短髮的她，知性而溫暖，令我印象深刻，後來知道她自營婦科診所，擔任院長，對她又增添了幾分敬意。

事業有成，家庭美滿，深受病人敬仰的她，在人生中的高峰時刻，選擇到阿富汗的城市去服務病人，這絕對是深思熟慮的結果，這背後一定有故事。

這本書解答了我的疑惑，讓我看到一位女性醫師的溫柔及開闊。

在阿富汗的無國界醫院中，擔任產科醫師的她，穿的不是白袍而是黑袍。送進產房的（準）媽媽們，在她們各自的黑袍之下，有著自己的故事。阿富汗的女性，束縛很多、自由很少，「女權」這兩個字在那裡幾乎找不到地方落腳。不論是政府軍的女眷，或是塔利班的妻子女兒，都一樣承受著必須生養男丁的壓力，承受著強勢婆婆的掌控，卻沒有可以主動要求進行結紮手術的權利。黑袍下的她們，在診間一掀開衣服，有時便看到身上有燙傷與瘀青，那是家庭暴力的印記。

即便如此，伊蕾盡可能改變她能夠改變的。在醫療用品欠缺時，她用巧思想到便宜的替代品；在產婦的身體有不能再孕的健康疑慮時，她向上級主管溝通，終於爭取到為病人結紮的許可。雖然無法改變那些黑袍女子的長期處境，但她以醫生神奇的療癒之手，讓這些她照顧的產婦，能在住院期間，得到最佳的支持，以便蓄積繼續往前行走的力量。

在阿富汗之後，她還去了伊拉克的摩蘇爾。不久以前，那裡還是伊斯蘭國的首都，街頭充滿了戰爭暴力的痕跡。我難以想像，成長於臺灣承平的伊蕾，如何鼓起勇氣走過那些充滿戰爭陰影的街頭，我只能推論，她有一顆充滿勇氣且溫柔的心，一心想要療癒那些身處苦難的人們，不論她能在那裡停留多久。

因為這樣，伊蕾成了我人生的典範。對於我這樣的中年人來說，圓一個年少的夢想，不再遙不可及。因為，伊蕾已經用自己的生命演繹出新的篇章，她證明了：夢想可以帶著我們走到很遠的地方。

前言

我的無國界醫生夢

我是王伊蕾，一位婦產科醫師。

我大學就讀於國立陽明醫學院醫學系（一九八五——一九九二），陽明當時是僅次於臺大醫科的第二志願。學校於一九七四年創建的時候，目的就是希望能培育醫師投入基礎醫療，解決偏鄉醫療資源不足的問題。剛開始陽明所有學生都是公費生，畢業後必須下鄉服務六年償還公費，才能拿回醫師證書。當時的聯考制度，丙組（醫農）考七科，國、英、數、物、化、生和三民主義。大家是以分數加總排名選校，沒有所謂的推甄和加權計分，就是用總分硬碰硬來比拚。

臺大、陽明、北醫分別是醫科的前三志願，但因為陽明畢業後需要下鄉服務，如果分數落在陽明的區間，很多不想下鄉的學生就會直接選填別的醫學院。會選填陽明的學生，可能在心底都有畢業後要到偏鄉服務的自覺，和一顆服務人群的熱心。畢業後，也的確有許多同學就留在當初服務的地方繼續執業。

──那時我們擁有的，只是滿滿的熱忱

學校中最大的社團是「勵青社」，是一個以服務社區為宗旨的社團。社團每年的重大活動，就是在暑假時下鄉服務，到群體醫療中心（就是衛生所）協助社區居民健康狀況訪查和衛教。

在我大四那年暑假，社團的服務隊來到雲林四湖。當時四湖群醫中心的主任徐永年醫師，就是陽明第一屆的學長（徐醫師目前擔任部立桃園醫院院長，當新冠疫情造成部桃院內感染時，正是徐院長臨危不亂，和疫情指揮中心合作控制疫情）。他下鄉到基層服務，對學弟妹們照顧有加，不但安排我們住進當地香客大樓，還幫我們借來一批腳踏車，讓我們能騎車前往各鄉鎮做家庭訪視。

還是醫學生的我們，有的只是滿滿的熱忱，和青澀粗淺的醫學知識，用極不輪轉的臺語，向當地居民解釋著連我們自己都似懂非懂的疾病防治和慢性病控制的知識。而四湖的阿公阿嬤們一面剝著蚵殼、一面耐心聽著我們用破臺語艱難地說明控制血壓、血糖的重要性，並不時用海口腔的臺語和我們這群「肖年醫師」閒聊幾句。四湖土地貧瘠、維生艱難，居民需要和大海搏鬥討生活，身體在大自然的嚴峻挑戰下，百病叢生。當阿公用帶著痰音的咳嗽，或阿嬤伸出變形的手指，問我們怎麼治才會好？還只是醫學生的我們，也只說得出些少抽菸、多休息的空泛言論來打發阿公阿嬤。內心則心虛地恨自己懂的是那麼少，能幫得上忙的地方是那麼微不足道，在病家前面，我們感覺自己就像煮過的蚵仔一樣，縮得好小好小。

每晚家訪回到住處，討論完當天的工作心得和隔天的計畫大綱後，大家就會圍坐成一圈，天南地北地聊天。當時就聽學長說有一個國際組織，專門派醫師前往戰亂的地區，為受到戰爭和天災傷害的民眾提供免費醫療，救死扶傷。當時我覺得這樣的醫生真了不起，比起什麼都不會、連臺語都說得七零八落的自己，簡直是雲泥之別，心中也種下了無限的憧憬嚮往。

服務隊結束後回到學校，我翻找各種新聞報導資料，得知了「無國界醫生」（Médecins Sans Frontières，簡稱MSF）這個組織。當時MSF主要是在戰亂頻仍的地區，為難民和流離失所的民眾提供醫療服務。看到穿著白背心的醫師戴著聽診器蹲在地上，為病重癱軟在地上的病人進行診療；或是替骨瘦如柴，因長期缺乏蛋白質而腹脹如鼓，連臉上爬滿蒼蠅都無力驅趕的小孩哺餵牛奶及營養品，更讓我對這個組織和工作人員產生了濃厚的敬佩之情。

一度與「無國界醫生」的夢想擦身而過

時光荏苒，七年醫學系畢業。服務六年的地點，我選擇在退輔會系統醫院完成，前四年留在臺北榮民總醫院，後兩年下鄉服務。

擔任實習醫師時，我到婦產科產房見習自然生產，看到媽媽用盡力氣，滿頭大汗地吸氣，憋氣，用力，休息。吸氣，憋氣，用力，休息。一旁的醫護人員，也齊聲鼓勵產婦吸氣，憋氣，用力，休息。中間還穿插幫產婦擦汗、監聽胎兒心跳、準備生產器械、加溫新生兒照顧檯等工作。

魔鬼輪迴重複無數次後，胎兒終於探頭出來，隨著羊水胎脂平安誕生，用洪亮的哭聲宣告新生命的降臨與母親的辛苦告一段落。臉上交雜汗水與淚水的媽媽親吻著自己的寶貝，接生醫師則一面微笑看著這光景，一面熟練地拉出胎盤、按摩子宮、修補會陰，確保母體健康。目睹這一切的我不禁又感動又佩服，在畢業後即申請婦產科做為專科，進入臺北榮總接受住院醫師訓練四年，取得婦產科專科醫師執照。接著又到竹東榮民醫院和桃園榮民醫院服務兩年。

在這六年期間，我依循著大多數女性的生命歷程，結婚、成為兩個女孩的媽媽。每天的日常生活被緊湊的臨床工作和柴米油鹽奶粉尿布塞得滿滿的，「無國界醫生」的夢只得愈飄愈遠……。

一九九九年，「無國界醫生」榮獲諾貝爾和平獎。那年我大女兒三歲，小女兒一歲，我也才剛服務期滿，在還完公費後到私人診所服務，努力在病患間建立口碑。聽到我憧憬的組織這麼厲害，我的心緒又開始飛揚……，但想到兩個上班前總拉著我不肯放的黏人幼兒，和還有二十年的房屋貸款，讓我飛揚的心直直摔回現實中。而且當時的MSF是以照顧戰爭中創傷的病患和落後地區感染熱帶傳染病的病患為主，需要的是外科系創傷急診和內科傳染病相關的專科醫師，在戰場邊要怎麼接生寶寶呢？這讓我的無國界醫生夢又再一次遠去。

後來，我開立了自己的診所。二十年前女醫師很少，女婦產科醫師更少，所以患者不少，診所的業務也穩定成長。當時患者意識抬頭，醫療糾紛時有所聞；而產科因為不可預期的合併症很多，產婦大多都是歡天喜地到醫院生產，如果結局不如預期，只要母子雙方有任何損傷，都唯接生醫師是問。婦產科醫師被告上法庭，或家屬到診所撒冥紙抗議的新聞屢見不鮮。評估的結果，我決定診所業務單純看診，不接生。雖然這讓我不用隨時 on call，擔驚受怕，事業和家庭生活因此而獲得平衡，但沒有接生做產科，一直都是存在我心底的一個小小遺憾。

——生命的脆弱，讓我體悟活在當下的重要

歲月如梭，轉眼兩個女兒長大成人，陸續上大學、出社會，有了自己的生活。診所工作穩定，但也一成不變。這時我已年屆五十，進入更年期：體力下滑、睡眠障礙、情緒低落。所有病人告訴我和書上寫的更年期症狀一一在自己身上應驗。雖然我有著人人稱羨的工作和生活，但總覺得好像少了什麼，想要突破瓶頸，嘗試不一樣的體驗。

一天，我在看診空檔吃飯上網的時候，忽然瞥見了「無國界醫生」徵求女性婦產科醫師的消息。原因是在阿富汗等伊斯蘭教國家，醫療資源不足，許多婦女必須冒著生命危險生產；然而民風保守，只接受女性婦產科醫師協助生產。這讓我的心跳瞬間漏了一拍——這，說的不就是我嗎？我心中怦然不已，恨不得馬上就報名加入；但開業多年，有許許多多信任我的病患、對診所向心力極強的員工，這數不盡的人情牽絆，不是說放下就可以放下的……，這讓我感到非常猶豫。

然而，行醫這行有好有壞，好處是可以幫助身邊的親朋好友，給出醫療建議；壞處是只要有朋友身體出狀況，做醫師的都是第一個知道。在猶豫不決的這段期間，我有位大學同學，是一位成功的開業小兒科醫師，事業成功、家庭美滿，還曾邀我一起成立婦兒科聯合診所。他突然身體不適，入院檢查後發現是白血病（俗稱的血癌），開始一連串的化療、骨髓移植，同學們也從各處幫忙請託，希望他能獲得最好的治療；但每次在群組上看到他奮力抵抗病魔，身形日漸消瘦，我們心底都知道情況並不樂觀。

友人在健康檢查時意外發現大腸癌；同學的親戚罹患乳癌；一位熱愛運動，身體健康的學弟，在爬山到一半時心肌梗塞猝死。身邊共有十位左右的朋友不是意外罹病，就是英年早逝，讓我體悟生命的脆弱，與及時行善、活在當下的重要。

與其為逝者哀傷感嘆，不如在有生之年燃燒貢獻。幾經思考，在取得家人的支持後，我毅然決然暫時結束診所的營業，全心投入「無國界醫生」的人道救援工作。

序章

整裝上路，重新出發

多樣的申請程序

決定要投入「無國界醫生」的行列後，我開始在網路上搜尋相關申請程序，但每個人的程序和經歷似乎都不太一樣。等到實際在組織中工作，我才發現MSF是非常「活」的組織，會因應組織的不同需求、人才本身的特性，制定不同的招募程序。所以一位醫師的申請程序，與另一位醫師不一定相同。按照網路上的介紹，以及我個人的經驗，MSF志願工作者的招募程序大致可分為六大步驟：

1. 網路報名：我在二〇一八年六月底在網路上填寫報名表，資料主要以英文填寫，對於個人學經歷的詢問鉅細靡遺，所有個人文件與證書（護照、畢業證書、專科證書……）都須提供英文版，掃描上傳以供查核，並要求檢附兩位前輩醫師的聯絡方式，以便透過電話詢問審查。

2. 電話訪談：九月收到電子郵件通知初步資格審核通過，並安排時間進行電話審查。多用WhatsApp，全程以英文進行，口頭了解申請者的背景、學經歷與申請文件是否吻合，以及參加動機、人格特質等等。

3. 面試：通常會要求應徵者飛到最近的人力招募辦公室進行。臺灣的應試者要飛到香港辦公室進行面試，順便認識一下當地的人資和辦公室人員。不過有可能是當時非常缺乏婦產科醫師的關係，所以我的面試是以電話進行，審查合格後就直接媒合指派工作和安排行前訓練，訓練完就直接飛阿富汗出任務了。

4. 行前訓練：為期約五天四夜的「行前訓練課程」（Preparation for Primary Departure，簡稱PPD），大多在招募外派人員的行動中心進行，像臺灣就是在比利時布魯塞爾任務中心（Operational Centre Brussels，簡稱OCB）。我曾在行前訓練時碰到一位巴西的感染科醫師，因為前任醫師臨時中斷任務，MSF便要她先飛到莫三比克專門治療愛滋病的醫院服務三個月，完成後再來接受訓練。

5. 媒合工作：資格審查完成後，人資部門就直接提供我阿富汗和巴基斯坦兩個任務進行選擇。在申請MSF的時候，網站上就有阿富汗霍斯特母嬰親善醫院（Khost Maternity Hospital，簡稱KMH）的介紹影片和資料，KMH可說是OCB的看板醫院，平均一年接生兩萬多個寶寶。臺北市二〇一九年全年的出生人口數為兩萬一千人，換句話說，這個醫院一年的生產數就相當於整個臺北市的總和！對於這個醫院的運作模式，我感到非常好奇，便毫不猶豫地選擇了阿富汗的醫院，也順利被接受。

6. 出發：出發前MSF會寄來各種需要填寫的文件須完成填寫，包括個人健康審查、須注射的疫苗、所有行程中要入境國家的申請簽證表格。除此之外，也要有耐心地一一詳閱任務所在國家的介紹、工作內容、安全情勢說明等等，並完成簽名。因為阿富汗局勢不穩，MSF也會安排當地的長官連線說明最新的政治局勢和安全狀況，並解答外派人員的疑問，以確定外派人員能了解、接受這個任務。否則當外派人員千里迢迢飛到阿富汗，卻因健康問題或心理無法承受壓力，半途終止工作，也會造成雙方的困擾。

在經過了長達半年的申請、資格審查與面試後，我終於通過「無國界醫生」組織的認可，成為MSF的一員。

家人的支持是最大的力量

身為醫師，通過重重資格審查面試，終能獲得「無國界醫生」認可，固然是很大的榮耀。但身為妻子和母親，要說服家人讓我到武裝衝突頻仍，人身安全堪慮的地區服務，卻又是一大挑戰。

我和先生是大學同學，超過三十年的相知相伴，可以說是我最好的朋友和最親密的家人。對於我所有的決定都無條件的支持，沒有他，就沒有現在的我。在甄審過程，先生幫我影印掃描所有的文件，給我許多的建議。年輕的夫妻感情濃烈，心底不捨羈絆也大。熟年夫妻感情穩固，是彼此最好的支柱。身為醫師，他知道加入「無國界醫生」是許許多多醫生一輩子的夢想，雖然擔心太太的安全，仍然放手讓我去飛翔。

對於先生的支持，心中只有無盡的感謝。難怪有一個醫學院同學曾對我說：「雖然很佩服妳參加『無國界醫生』，到偏遠的國度行醫服務的壯舉。但我更佩服妳先生放妳單飛的勇氣！」

兩個女兒都已經長大，可以自己照顧自己，雖然擔心媽媽要去到局勢不穩的地方，但她們從小就被媽媽教導：一個人失去了自由，也失去了快樂；心中有夢想，就要逐夢踏實，努力追尋。

女兒成長過程中，媽媽支持她們所有的決定，現在換她們來支持媽媽了。姊妹倆默默到住家附近香火鼎盛的廟宇，求了一個平安符，讓我帶在身上保平安。平安符也的確有靈驗，任務結束後，把我從阿富汗和伊拉克平安地帶回臺灣。

調整身體最佳狀態

前一段提到，在健康相關的行前文件中，詳列了各種必須完成的疫苗，包括：黃熱病、腦膜炎、小兒麻痺、類傷寒、破傷風，A型肝炎（兩劑）、狂犬病（三劑）等等。要不是以前已經打過B型肝炎疫苗，麻疹還有抗體存在，可能得挨上更多針。

因此我在出發前的三個月內，連續打了近十針的各種疫苗，最高紀錄一天得挨三針，打到手臂都瘀青，把黃皮書填好填滿到差點寫不下。我想我已經百毒不侵，為了未來的冒險旅程做好準備。

另外，在我過去懷孕時，因為子宮膨大重心前移、脊椎彎曲度增加，加上產後出了一個小車禍，脊椎受傷；導致近年來只要勞累或姿勢不佳，椎間盤突出就會急性發作。發作的頻率大約是一年一次，但痛起來可不是開玩笑的，會痛到無法動彈，必須在床上老老實實地躺平一週，才能恢復過來。這也讓我不禁擔心：萬一到阿富汗時，正好遇到腰痛發作，叫天天不應、叫地地不靈，該怎麼辦才好？

還好我有位大學同學是自行開業的骨科醫師，專精各種疼痛控制。請他看過我的核磁共振MRI片子後，判斷情況不嚴重，並安排他手下厲害的復健師徒手治療，加上最新的Redcord紅繩吊索訓練，進行核心肌群的密集鍛鍊。脊椎就像是一根旗桿，如果旗桿附近的固定繩索（肌肉）強壯穩固，旗桿就不會彎曲壓迫到神經。按照復健師的指導，我在出任務的期間也持續鍛鍊，雖然偶然有腰痠不舒服，但就沒有遇上急性嚴重大發作。

打包行囊，二十公斤的生活清單

除了要先解決身體健康的問題，出發前還得解決生活用品的問題。行前說明中特別提醒外派人員，因為要前往保守的伊斯蘭教國度，在飛機降落阿富汗以前，女性一定要圍上頭巾才能下飛機，衣長也一定要覆蓋到膝蓋以下，不得袒胸露背，衣著暴露。

我平日為了上班方便，也為了避免衣服沾染血液造成汙染，一直都是剪短髮，很少戴會晃動的飾物，衣服也以輕便舒適為主。想到要在腦袋上掛著一塊布，時不時會溜下來遮蔽視線，令人感到頭痛。還好我在亞馬遜商店上找到了一款萊卡材質的秒穿頭巾（Instant Hijab），是以筒狀的彈性柔軟布料製成，只要往頭上一套，三秒內就可著裝完成。後來在任務期間使用時，這款秒穿頭巾戴起來舒適透氣，為我的生活帶來許多便利。漸漸地，我發現戴頭巾也有許多意想不到的好處，例如：睡過頭時不用梳頭，不用吹整髮型；有白頭髮時也不用補染，戴上頭巾就什麼都看不到了。到後來任務結束回到臺灣後，沒戴頭巾，反而還讓我覺得頭頂涼颼颼，不太習慣呢。

最後，就是整理出發前的行囊了。到一個人生地不熟的國家生活三個月，中間沒有出門採買的機會，該帶什麼呢？考量到自己脊椎不好，不能拿太重，行李也有限重二十公斤以內。以下是我的清單：

- 衣服：我出任務到阿富汗的時候是冬天，平均氣溫個位數，所以帶了三套都是深色系的衣褲，不但不易弄髒，也可以互相搭配。另外還有質輕保暖好收納的羽絨衣、穿在腳上的短筒登山鞋，另帶一雙球鞋和塑膠拖鞋、三雙登山襪。兩條黑色棉質運動褲，休閒兼睡衣兩用。最後就是三條必備的頭巾。

- 電子用品：我帶了一臺舊筆電、一臺舊 iPad、兩支 iPhone 還有兩個 USB 隨身碟。筆電主要是工作打報告、查資料用，有些任務也會發放 MSF 專用筆電，但不是每個專案都有。iPad 則事先存好娛樂用途的許多影片和書籍（當地網速很慢而且不穩，所以最好自己先準備影片，才不會沒東西可看）。MSF 曾警告外派人員不要攜帶太新款的手機或筆電，一來怕弄丟，二來也怕被當地有心人士覬覦，造成外派人員困擾。到了當地，醫院會發放工作聯絡用的電話和無線電，所以我自己的手機後來多用於照相，以及和自己的親友聯絡。隨身碟則是用來下載一些表格及文件。電壓轉接頭只需要帶一個，在過境旅程時使用，MSF 宿舍中有供應。
- 衛浴用品：到任務當地，我發現牙膏、洗髮精之類的消耗品都有得買，不過香味非常奇特，端看個人是否能接受。如果要從臺灣攜帶過去，就要將這些瓶瓶罐罐精算出剛好的分量，不然液體會使行李變得很重，而且搬運過程中容易滲漏。還好我已經到了停經的年紀，不然我看過有些女性外派人員，曾因為無法在當地購買到適合的棉條而苦惱不已。

• 食物：如果不挑嘴，MSF會準備好充足的食物，不會讓你挨餓；但這些食物的美味程度，是以當地的生活水平來評估。有些地區人民連肚子都無法填飽，外派人員能有食物吃已經很萬幸。阿富汗、伊拉克等中東地區，習慣在食物中添加許多我們不熟悉的香料，味道非常奇妙。我會帶個三五包不同口味的泡麵和一些臺式小零嘴，用意不在填飽肚子，而是在身處異鄉勞累沮喪的時候，當作給自己的一點小犒賞。要特別注意攜帶的食物中是否含有豬肉和酒精成分、包裝上有沒有豬的圖案，避免觸犯伊斯蘭教禁忌，惹麻煩上身。

• 藥品：消炎、止痛、過敏、腸胃、外用藥膏等等。雖然工作的地點就在醫院，但所有醫護人員都知道，不私自偷拿醫院的藥物是基本的工作道德。MSF宿舍都有基本的藥櫃，在控管外派人員健康的醫師（大多指派麻醉醫師擔任）評估許可後，可以開鎖拿取，嚴重的疾病也有就醫管道；但如果是一些壓力下偶發的小毛病，例如：頭痛、便祕、痔瘡、皮膚過敏……，要對天天見面的同事訴說，不免會令人感到尷尬，還是自己備好一些常用藥比較方便。

做好各項準備後，我的下一站是飛往布魯塞爾接受行前訓練，等簽證下來，在年底直接出發前往阿富汗。我的「無國界醫生」生涯的第一項任務，將前往阿富汗霍斯特母嬰親善醫院，在這個飽受戰火蹂躪的國家中，迎接新生命的到來。

專欄

「無國界醫生」是什麼？

「無國界醫生」（法語：Médecins Sans Frontières，英語：Doctors Without Borders，簡稱MSF）是一個獨立的國際醫療人道救援組織，致力為受武裝衝突、傳染病、流行病和天災影響，以及遭排拒於醫療體系以外的人群提供緊急醫療援助。*

只有醫生才能加入「無國界醫生」嗎？——

MSF的志願工作者者中，醫生、護理師等醫療人員其實只占了百分之五十，其他百分之五十是擁有財務、人資、物流運補、建築等各類專長的人員。如果想在戰地或低資源地區進行醫療援助，光只靠醫生是沒辦法單獨作業的。以建設一所母嬰醫院為例，首先就需要擁有談判長才的人士與當地政府軍、塔利班及社區意見首領溝通獲得共識，取得土地使用權並宣告醫院為中立區（否則有可能醫院蓋到一半，就被炸彈給摧毀）。接著建築師依地形與需求設計醫院、人資到當地招募工人，並且讓監工依建築圖督促工人施工。也需要有金融人員想方設法地將現金匯到當地（落後地區是沒有銀行的），才能發工資、買入建築材料。等醫院硬體建築完成，便需要物流運補人員將醫療器材、藥物耗材運到當地，再來才輪到醫護人員進駐營運。

＊資料來源：「無國界醫生」（臺灣）官方網站。

由此可見，要讓人道救援工作能圓滿推進，需要各領域的專業人士合作。許多MSF同事原本在自己的專業都有數十年以上的經驗，甚至有很多人都曾任跨國公司的高層，見多識廣，到了動盪不安的區域，才能在突發狀況頻傳的情況下見招拆招，圓滿達成任務。

只有年輕人才能加入「無國界醫生」嗎？——

當好友和同學知道我參加了「無國界醫生」後，都紛紛表示欽佩羨慕，並告訴我他們也曾經想過要參加，或甚至實際申請過；但後來就因為工作／家庭／健康等種種因素而打消了念頭。加入「無國界醫生」一直是我從年輕時代就有的夢想，能在五十歲開花結果付諸實行，是因為對生命的熱情與對跨國工作的好奇，讓我能勇敢跳出舒適圈，挑戰極限。

隨著年齡的增長，一個人外在物質和內在經驗會慢慢累積，但也會多了不少顧慮和牽絆，讓人縛手綁腳，原地打轉。加入MSF後，發現志願工作者中除了三十多歲、未有家累的年輕醫師外，也有不少是像我一樣已屆中年或退休，開啟第二人生的中壯年人。據說在MSF工作的傑出外科醫師，許多都是等到六十多歲經濟狀況穩定，退休後才加入。

與差不多年齡的夥伴攀談後，發現許多人都有著輝煌的工作經歷，後來因為種種契機才決定投入MSF。如果對人道救援工作有興趣的人，不管哪個年齡層，即便覺得自己目前沒有足夠的成本或決心可以投入其中，也千萬別放棄任何可以磨鍊自己的機會，因為奉獻專業能力，只要有心永遠不嫌晚。

想投入國際人道救援，需要具備什麼能力？——

1. 至少兩年以上的專業工作經驗

到了救援現場，面對潮水般的病患和悲慘的場景，如果沒有足夠的經驗和堅定的心理建設，是無法完成工作的。所以MSF會嚴格審核志願工作者的學歷、證書和工作經歷，以確定志願工作者在當地能夠勝任工作。

2. 健康的身體

需要人道救援的國家，大多是落後貧窮、生活條件極差。MSF雖然會滿足工作者的基本生活需求，但和已開發國家的日常有著天壤之別。如果因為氣候或水土不服生病，會影響救援工作的順利進行。

3. 解決問題的能力

人道救援工作者到了當地，由於語言不通，工作習慣不同，執行醫療業務需要和伙伴們磨合。天災、疫情、戰爭、恐攻等意料之外的挑戰，大量傷患出現加上醫藥耗材短缺，更別說在人身安全受到威脅的環境下，處理打地鼠一般不斷浮現的突發狀況，都得仰仗平時工作累積的經驗和解決問題的能力。

4. 口說和書寫英文

要參與國際組織的工作，能以英文溝通是基本要求。以MSF而言，通法語也可以，因為許多非洲國家會將法文列為官方語言。在MSF的工作中，英文需有B2等級或以上，在工作上能清楚表達自己的訴求，就能通過甄試。除了口語能力外，寫報告也很重要。MSF上級和總部為了掌控工作的內容進度，需要工作者繳交大大小小的報告。透過這些書面報告，MSF高層才能知道當地的第一手情況，提供完成工作的必要協助。

身處臺灣，如何支持國際人道救援工作？——

捐款當然是最直接的方式。「無國界醫生」百分之九十七的經費來自公眾捐款，當中包括全球逾七百萬名的獨立捐款者，以確保救援行動的獨立和靈活，剩餘百分之三來自政府與國際組織及其他收入。當牽涉多個派系的武裝衝突，且人道援助未能被明確界定之地工作時，MSF會完全以個人捐款款項資助救援專案。

MSF不接受國家層級或大公司的捐獻，以免在衝突戰爭的地區有不夠中立的嫌疑，影響醫療工作的順利推進；對國際組織的捐款，也會因人道主義的理念有所取捨。例如在二〇一六年，MSF就曾因歐洲國家拒絕對在地中海漂流的難民伸出援手，放任難民自生自滅，拒絕歐盟和其他會員國超過二十億新臺幣的捐款表示抗議。

MSF也挺身而出對抗各國的大藥廠，要求藥廠釋放某些對抗愛滋和傳染病特效藥的專利，讓貧窮的第三世界病患也可以有藥物救命。因為MSF相信，這些藥物的發明是來自全人類共同的智慧累積，其用途也應該由全人類共享。

對於MSF的信念和工作，可以關注「無國界醫生」組織的網站、臉書和其他社群媒體。MSF在全世界八十多個國家共有七百多個計畫在進行中，去看見這些貧窮落後地區民眾的人道危機和困境，相對於日常看到光鮮亮麗歐美先進國家的報導，會讓人有截然不同的感受，和更寬廣立體的世界觀。

◎更多資訊可參考「無國界醫生」（臺灣）官方網站：www.msf.org.tw

1

PART

前進阿富汗

第一章

小黃人也不敢去的地方

衝突下默認的停戰區

剛剛接到任務媒合成功的消息時，我興奮地上網搜尋，想要用 Google Map 街景功能，看看未來工作醫院的外觀長什麼樣子？周圍環境有什麼特別？當我把小黃人丟到地圖上，小黃人立馬回到螢幕右下角原位，丟幾次，跑回來幾次。赫然發現：原來我要去一個連小黃人也不敢去的地方啊！

根據維基百科，阿富汗地處中亞內陸，從古至今，有許許多多的強權想要占阿富汗為己有，但阿富汗人民驍勇善戰，頑強抵抗，加上國土有著興都庫什山等山脈盤據，地形複雜，氣候變化劇烈，所以英俄等大國常常鎩羽而歸，古有「帝國墳場」之稱。

一九二一年，阿曼努拉國王趕走了英國的勢力宣布獨立。
一九七九年，蘇俄入侵阿富汗，鞏固親蘇政權，史稱「十年戰爭」。
一九八九年，塔利班（神學士）勢力崛起，將蘇聯驅逐出境。
一九九六年，最終塔利班建立了伊斯蘭政權。
二〇〇二年，美國扶持了另一個親美的政權推翻塔利班。
二〇二一年，美國軍隊撤離阿富汗，塔利班重掌政權。

阿富汗因為長久以來國內有許多勢力競爭，情勢複雜，衝突不斷。當地民風保守，女性只可以給女醫師診治。但女性受教育的機會很少，女醫師更是缺乏。

這也是為什麼MSF需要女性婦產科醫師到當地服務的原因。

我所工作的霍斯特母嬰醫院KMH因為接生當地四分之一以上的寶寶，不論派系，任何人的姊妹或妻子都或多或少曾受到KMH的照顧。而且院內只有女性，所以是戰爭衝突下默認的停戰區。但恐怖平衡下的和平能維護多久也未可知。這也是為什麼要來這裡照顧婦女嬰兒的健康，如果MSF或其他NGO不來幫忙，又有誰會幫忙這些戰亂中飄零的油麻菜籽呢？

冷熱的溫差，忐忑的心情

有人輕輕碰觸我的手臂，讓我從沉沉的睡夢中突然驚醒過來。耳邊隆隆的飛機引擎聲讓我突然想起，自己正坐在前往阿富汗首都喀布爾的飛機上。

短短兩天內從比利時布魯塞爾MSF總部飛到杜拜，辦阿富汗簽證，又從杜拜飛到阿富汗喀布爾，行程緊湊又不確定，讓我身心俱疲，一不小心就睡著了。隔壁的乘客要去上廁所，我急忙站起來禮讓，並且小心不要接觸到走道邊的男性乘客。這幾天在伊斯蘭世界，深刻明瞭到何謂「男女授受不親」，例如在公共區域的等候座位，大家會自動地男性坐前面、女性坐後面，若看到男女坐在一起，不是一家人，就是西方世界的外國人。

以前出國旅遊也曾在杜拜轉機，對富麗堂皇的杜拜國際機場第一、第三航廈並不陌生，但是要前往喀布爾和其他伊斯蘭世界的飛機，則在跑道另外一端的第二航廈，風景是截然不同的。中東各國的乘客穿著各色民族服飾，男性從一身阿拉伯白袍飄飄、尊榮貴氣，到頭纏布巾、身穿粗棉衣褲拖鞋的都有；女生也從戴著名牌太陽眼鏡、包裹住頭髮的彩色頭巾搭配名模般精緻的妝容和服飾，到遮蔽全身的保守布卡（Burka）*都有，熙來攘往，好不熱鬧。

---

* 將女性從頭到腳完全遮蔽的罩袍，眼睛部位有紗網可以看外面。

在出發前的候機室中，看到即將同機的阿富汗阿公阿嬤，手上提著肩上扛著的不是慣常見到的登機箱，而是用來裝糧食穀物的麻袋，大包小包。一說開始登機，大家都向前擠成一團，似乎不了解登機要排隊，還要地勤人員喝斥後，才像小學生一般驚惶地推推擠擠，勉強排出一列扭曲的隊伍。到了飛機上，看著前排的阿嬤緊張地拉起面紗遮住眼睛，不敢向飛機窗看，反觀留著蓬亂灰白鬍鬚的阿公，卻頻頻越過身旁的老伴好奇地看著窗外，他們應該是第一次出國吧？可能是剛從麥加朝聖回來，在伊斯蘭國家，一生如果能到麥加一次可是畢生的心願呢！

本來上機前有點擔心如果到了喀布爾接送出差錯，在阿富汗就不知道要怎麼辦了，還好在登機時看到前面的人背包上有MSF的標誌，趕快上前自我介紹，原來他是在塔吉克首都杜尚別（Dushanbe）的MSF澳洲工程人員，被徵調到喀布爾服務，另外還有一個黑人女生也是MSF的人，有同伴我就放心多了。

下機後，終於坐上真正的MSF吉普車，一路順利到喀布爾基地。基地周圍有高牆加鐵絲網，每個門窗上都有很粗的門閂（大概拇指和食指圈起來這麼粗）

有時一個門上還有六個門閂（上下各一，左右各二）！

到了辦公室開始一系列的簡報，基地參觀、分配房間、檢查疫苗文件是否完整、健康提醒、醫療藥物、安全規則和介紹安全屋使用，最後簡單介紹阿富汗歷史和目前MSF在阿富汗的發展計畫。

印象很深的是辦公室的每個房間都有火爐，所以外面雖然冷到只有攝氏個位數，但室內熱到讓人想脫衣服。在辦公室間穿梭，一下冷到要穿羽絨衣，一下卻又想脫衛生衣，好像洗三溫暖一樣，但阿富汗當地人穿的厚厚羊毛衣卻自在來去，絲毫不受影響。來到喀布爾的第一天，就在冷熱的溫差與忐忑的心情下告一個段落。

阿富汗式生活禮儀

我即將前往工作的霍斯特母嬰親善醫院，位於阿富汗首都喀布爾東南方約兩百多公里處，車程約六到八小時。但因為陸路通過山區，其間藏有許多游擊隊和地雷，被攻擊或綁架的機會很高，國際組織多以飛機進行人員以及醫療物資的運送。喀布爾與霍斯特之間沒有商業飛機，只有國際紅十字會（ICRC, International Committee of the Red Cross）的人道救援專機擔負起運輸的重責大任。

第二天一早整好行囊，在停車場接到電話通知，說機場人員認為今天天氣晴朗適合飛行，讓我鬆了一口氣。首先坐 MSF 車到紅十字會基地，人道救援專機需要搭載其他物資，必須限重，所以人和行李都要過磅秤重（好險昨晚沒有吃太多），如果行李超過二十公斤，當下就必須打開行李拿出過重的物品丟棄，沒有通融，也沒有加價運送的選項。確定重量沒問題，再轉搭紅十字會的車子去機場。

通過層層的嚴格安檢後，坐機場接駁車到專用停機坪，看到機身和翅膀有著醒目紅色十字，螺旋槳發出啪啪聲響的ＩＣＲＣ飛機，彷彿電影場景。十五人座小飛機，那天連我一共只有兩位乘客，感覺上好像坐個人包機。沿路天氣晴朗，壯麗積雪的興都庫什山就在腳下。

要降落的霍斯特機場，飛機的滑行道只是一條長長的黃土路，降落的時候，乘客可以從座位向前透過飛機駕駛的窗戶，直接看到跑道，臨場感十足，伴隨著顛簸的著陸，比坐雲霄飛車還要刺激。

降落後，ＭＳＦ的吉普車已經停在機場等著了。來接機的是一位和善的阿富汗司機，路上還問我餓不餓，打開手套箱拿出蘋果和餅乾叫我先塾塾肚子，讓人感到溫暖。

車窗外看到許多土磚屋，好奇的孩童紛紛追著車子跑。進入市區後一路上看到許多荷槍實彈的軍人，從他們拿槍的姿勢、走動揮舞的樣態，可以感覺到這些槍是真的有在使用，並非裝飾或嚇阻而已。很多建築物都有高高的圍牆上架鐵絲網，圍牆下端有三角形的隆起，據說是防止坦克車衝撞圍牆用的。

到達醫院後，先是一位波蘭後勤主管P，迎接並帶領我參觀宿舍，宿舍一人一間附冷暖空調和衛浴，這在NGO中大概算五星級的宿舍了。宿舍中還有健身房和排球場、桌球室、手足球場等等。

最後負責醫院整體運作的大老闆Field coordinator澳洲人A，向我介紹阿富汗歷史、文化和禁忌（dos and don'ts）。印象深刻是對阿富汗人可以問候他的家人小孩，但問他太太怎麼樣是不禮貌的，比大拇指或OK手勢都是不敬的，一般阿富汗人都席地而坐在地毯或坐墊上，坐時不可以腳伸直腳板對人也是不禮貌的。

簡報完畢，A體貼地送我到門口說：「祝今晚好夢，舟車勞頓，妳一定很疲累了？」

我虛弱地笑了一笑，A不知道的是，今天下飛機後坐在吉普車上，我為了舒緩坐飛機緊繃的腿部肌肉，一路翹腳，腳底正對著可憐的司機；回應司機提供蘋果餅乾的善意，我一路攀談，隨口問他結婚沒有？太太是否安好？最後到醫院下車時，司機詢問是否將行李送到宿舍門口，我則開心的用雙手大拇指對他比了一個「讚」……

第二章

一腳踩在地獄，一腳踩在天堂

沒有雙腿的產婦

連年的戰爭使民生凋敝、醫療資源匱乏，女性和小孩更是弱勢中的弱勢，根據統計，阿富汗是世界上生產死亡率最高的國家之一，而且很多女性在家生產，死了便就地掩埋，因此死亡黑數可能還比官方統計數字更高*，這也是「無國界醫生」為什麼要在當地設立母嬰親善醫院，協助生產，挽救孕婦生命的原因。

前文提過，阿富汗霍斯特母嬰醫院每年接生兩萬多個嬰兒（二〇一七年KMH生產人次二萬二千八百五十六人），相當於一整個臺北市的生產全集中在同一個醫院（二〇八年臺北市出生人數為二萬一千四百六十八人），繁忙程度可想而知。

產婦來到KMH醫院，在門口經過安檢後，可以由一位女性家屬陪產，男性家屬就待在門口專為男性家屬準備的等候室中休息。經過助產士檢傷分類，沒有狀況的順產婦就在大待產室待產；有出血、早期破水、子癇前症等需嚴密觀察的病患，則在小待產室嚴密監控。在產房或手術室自然或剖腹生產完，會在住院病房觀察，等新生兒完成疫苗注射，產婦狀況穩定後就可以出院了。所有住院生

＊阿富汗產婦死亡率為每十萬生產中有一千二百九十一人，相比於美國為二十六．四人，臺灣為十四．一人。

產，甚至病患和陪病家屬的伙食全都免費，這些經費都是來自於全球善心人士的小額捐款，匯集於此來幫助這些弱勢的女性。

這裡的產房一天要生六十至七十個寶寶，醫院走廊上擠滿了搖搖晃晃的孕婦和陪伴家屬，不時見到因子宮收縮陣痛蹲在牆邊哀號的產婦，走路通過時都要特別小心，地上可能隨時有一灘血或羊水，讓你「走進產房滑一跤」。產房中一字排開的五、六個產婦，又哭又叫的同時用力想把寶寶擠出來，加上又有三、四個剛出生嬰兒啼哭的聲音，產房就是母親一腳踩在地獄，一腳踩在天堂的所在啊！

早上八點所有的醫師和助產士會做巡房，掌握當日病患的狀況。這天早上看到一個孕婦，因為懷孕二十六週又有嚴重的妊娠高血壓，這個疾病唯一的治療方法就是把孩子生出來，否則母親的血壓會越來越高，造成癲癇、腦出血、肝腎衰竭，甚至失去生命，因此我們馬上進行評估準備幫她引產，當助產士把蓋在病患身上的被褥掀開時，我驚訝地發現她的雙腿只剩兩截大腿，膝蓋和膝蓋以下是沒有的！

阿富汗連年戰爭，游擊隊為了給敵人出其不意的攻擊，在各地埋了許多地雷，因此平民百姓（尤其是兒童）經常誤踩地雷，輕則失去雙腳，重則失去生命。這個產婦第一胎懷孕八個月，下田耕種卻誤踩地雷，雖然幸運撿回一命，但她的第一個孩子和雙腳就這樣沒了，現在第二胎，卻又不幸產生重度的妊娠高血壓。為避免高血壓的狀況惡化，危及母親的性命，只好犧牲胎兒幫她引產，這裡的醫療狀況窘迫，缺乏保溫箱和新生兒加護病房，因此二十六週的早產兒是無法存活的，引產後的胎兒終將因發育不良而死亡。

通過翻譯告訴她這個痛苦決定的時候，也許她的一生已經歷過太多的苦難，失去過太多的東西，沒有嚎啕大哭或任何戲劇性的反應，失去雙腿的女士只是垂下眼簾側過臉，用手拉過頭巾蓋在口鼻上，眼淚從她的眼角慢慢地滲出，靜靜地滴在她隆起的肚子和無緣的孩子上……

十五歲的他，為媽媽捺下手術同意書

查房到一半，走廊頂的紅色警示燈開始旋轉，並發出刺耳的鳴叫聲。這表示前門檢傷處有重病緊急病患，提醒醫護人員向門口集合，準備應戰。

護理師用輪椅推進來一位臉色蒼白的病患，這位病患凌晨在家附近助產所自然生產後，一直出血不止。半夜當地民眾不會移動，除了沒有交通工具外，也怕被政府軍或恐怖分子槍擊、綁架或踩到地雷，等好不容易天亮被送到醫院來，已經瀕臨休克狀態。

超音波顯示子宮旁有一大團血塊和液體，強烈懷疑有子宮破裂的可能。子宮就好像一個購物袋，如果擺入很重的物品，重複拉扯使用，最終會破裂。

在婦產科蒐集病患病史時，常會問G幾P幾，G（Gravidity）是指曾經懷孕過幾次，即為生產、流產、死產全部加總的次數，P（Parity）是指真正生產幾次，在臺灣病人大多G2P2（懷孕兩次生兩次）。在阿富汗這裡，G9P8所在多有。這個婦女就是在生她第十一個孩子的時候，出現了這個要命的合併症。

醫生兵分兩路，一位帶領護理師幫病患做緊急手術前的準備，我則帶著翻譯衝到門口，傳喚家屬解釋病情，並簽立手術同意書。廣播後來到面前的，是一個年約十五、十六歲的青少年男孩，臉上髒髒的還有著淚水流下的痕跡，這是病人的二兒子，病人的先生和大兒子在喀布爾做工賺錢。阿富汗連年戰亂，經濟萎靡，在鄉下種田很難養活一大家子，許多家庭中的男主人都到大城市工作賺錢。

當我向這個男孩說明他母親須緊急手術，不然有性命危險後，看到他又哭了出來，雖然不忍，但為了取得同意，搶時間救命，只好請翻譯逼著他趕快連絡父親，只見到他顫抖著手，從口袋裡摸出一張泛黃破爛的紙條，上面寫著父親打工處工頭的聯絡電話；翻譯馬上打過去連絡病患先生，解釋病情後，讓父子倆說話。然後十五歲的少年，用大拇指在他完全看不懂的手術同意書上捺下指紋（當地有許多文盲），讓醫生可以下刀救人。

緊急手術中，發現子宮右後側整個從圓韌帶裂開到陰道，形成一個約十五公分的大傷口，緊急切除子宮後終於止住出血，輸血後狀況穩定，因為輸血量太大，血庫庫存不夠，醫院還特別派人到清真寺廣播籌措血源。

生產事故是落後國家和低資源區域婦女死亡的主因，「生贏雞酒香，生輸四塊板」的臺灣諺語，在這裡成為每個產婦血淋淋的殘酷試煉。這個病人如果沒有KMH醫院的存在，必死無疑，她前面十一個孩子（包括剛出生的寶寶）都會成為孤兒，而捺指紋的哭泣少年，也必須一夜長大，獨力照顧弟妹和小嬰兒，在亂世中掙扎求生。

令人寬慰的是，我們的努力，扭轉了這樣悲劇的發生。

消逝在汪洋中的小生命

這天早上有一位從當地診所轉介過來，三十二週羊水過多的病患。

羊水過多導致她喘不過氣來，再加上子宮收縮頻繁，因而前來治療。孕婦的肚皮透明發亮，就像一個快要脹破的水球，超音波看起來胎兒好像漂浮在汪洋大海之中，還好胎兒本身大致上結構正常。*

這位媽咪前面曾經生過五胎，只有一胎存活，其他兩胎是先天性心臟病出生不久就死亡，另外兩胎也是羊水過多胎死腹中。當地的檢查只能做簡單的測驗，我們只知道媽咪沒有地中海貧血或Rh陰性，也沒有糖尿病，雖然懷疑是染色體或基因的問題，可是當地沒辦法做這方面的檢查。病人已接受兩劑催熟胎肺**的類固醇針劑，所以我們決定不再安胎，讓病患生產。

---

* 造成羊水過多的原因有許多，有些胎兒因為沒有腦袋或是腸胃道阻塞，而無法正常吞嚥羊水，導致羊水過多堆積在媽媽的子宮腔內。

** 胎兒肺部要到懷孕三十四週（八個半月）才初步成熟，生出來才能呼吸順暢，不需要插管治療。小於這個週數的早產婦女，醫生會替產婦在生產前注射類固醇針劑催熟胎肺，減少出生後早產兒呼吸窘迫的機會。

產程進展還算順利，但到了子宮頸開七公分的時候，突然出現胎心減緩、胎兒窘迫*的情形，在我們給予孕婦及胎兒一些支持療法後，寶寶的心跳暫時恢復正常，但是過一個小時後，當子宮開到九公分，護理師再去測胎心（這裡沒有連續胎心監測器，都是靠待產室的護理師每小時用杜普勒測胎心一次），已經測不到心跳。

這一個寶寶就在我們眼前消逝了……

在臺灣也許我們可以剖腹挽救這個寶寶的生命，也許我們可以做羊膜穿刺基因檢測找出問題所在，也許我們可以用試管嬰兒（In Vitro Fertilization, IVF）搭配植入前胚胎基因篩檢（Preimplantation Genetic Screening, PGS）選擇健康的胚胎植入**，但在這裡，我們只能看著病人一次又一次懷孕，一次又一次失敗，小小生命在我們眼前一個又一個消逝……

* 胎兒窘迫：指胎兒在子宮內有缺氧的狀況。

** 試管嬰兒（IVF）是取出媽媽的卵子在實驗室中和爸爸的精子結合成受精卵，受精卵分裂後再植入回媽媽的子宮。而植入前胚胎基因篩檢（PGS）則是將分裂後的受精卵取出幾個細胞，先做基因檢查，再挑選正常的胚胎植入。這樣可以避免媽媽再次懷到不正常染色體或基因的寶寶，減少重複流產、胎兒異常或胎死腹中的悲劇。

第三章

陽光下閃耀著五彩光芒的玻璃碎片

小鮮肉的逆襲

在KMH一般生產的孕婦，是由助產士接生。但生產過程中出現產程遲滯，或胎兒狀況不穩的時候，就會呼叫婦產科醫師處理。婦產科醫師評估若發現產婦骨盆過窄或胎兒太大生不出來，會安排剖腹生產。但是如果胎頭已經下降到陰道口，只差臨門一腳，為了盡量避免剖腹生產對孕婦未來可能產生的傷害，醫生就會以真空吸引器輔助生產。

想像一下：如果洗澡用的橡膠黃色小鴨鴨不小心掉進馬桶堵住了，一般人會用有著黑色橡皮頭的通馬桶工具對著出口，用力抽真空，把黃色小鴨吸出來。真空吸引器利用類似的原理，將鐵製吸引杯安在寶寶的頭頂，一端連接塑膠管抽真空，讓鐵杯牢牢吸附在寶寶頭頂，同時醫師向下使力牽引，幫助胎兒娩出。

這天有一位初產婦生到一半頭下不來，產婦在用力一個多小時後氣力已經耗盡，此時胎兒也累了，出現胎心減緩的缺氧現象，需要盡快生產。所以我們決定要用真空吸引幫忙，但胎頭卡得很緊下不來，拉了好久才分娩成功。出生後寶寶因為在產道卡太久，發青癱軟，沒有呼吸。助產士趕快供氧急救，並且呼叫小兒科醫師來幫忙。此時產房一片緊張肅穆，只有血氧機偵測寶寶的心跳嗶嗶聲，越來越慢，越來越慢……

還好小兒科醫師及時趕到，經過給氧和摩擦刺激，寶寶突然發出小貓叫般的微弱哭聲，小小的胸膛開始起伏，神經緊繃的醫護人員們都鬆了一口氣，露出微笑，憂心忡忡的媽媽聽到寶寶哭聲也喜極而泣。

等到狀況穩定，寶寶的皮膚漸漸從缺氧的藍灰色轉成漂亮的粉紅色，小手小腳從疲軟到充滿生氣的揮舞，甚至睜開眼睛，想要好好看看這個世界。哇！讓人不禁從心裡發出讚嘆，這個寶寶有著一雙好大的眼睛，深藍的眼眸，潔白的皮膚，粉紅的小嘴，真是像天使一般的漂亮。大眼睛寶寶嘴角上揚笑了一下，害得婆婆媽媽們心都融化了，徹底臣服在超級小鮮肉的魅力旋風之下！

正當助產士們圍觀這個漂亮寶貝的時候，他……突然尿尿了！童子尿以完美的拋物線越過空中，噴灑在完全沒有防備的粉絲團身上。

揪心的故事和暖心的故事

看電視或小說，主人公的人生波瀾壯闊，最後前因後果兜起來，成為一個完整的故事。但我覺得真實人生卻是由許許多多的小故事、小插曲連綴而成，雖然零零碎碎，但都像玻璃碎片一樣，在太陽下閃著五彩的光芒。

這天受到我上司PMR（Project Medical Referent）的無線電召喚，告訴我阿富汗衛生當局一行人今天會來醫院參觀，希望我能等在醫院裡不要離開，如果大人物有任何醫療相關的問題我可以陪同回答。今天病人比較少，我坐在醫院走廊上，百無聊賴地看著清潔人員忙進忙出，等長官蒞臨視察。

忽然看到一個我曾治療過的病患，胖胖的中年婦女，有氣喘和糖尿病，兩週前因為胎死腹中前來引產，因為引產藥物有可能會使氣管平滑肌收縮，病人又有氣喘沒控制，當時天氣很冷，所以特別讓我擔心，格外多多探視這個病患，直到她順利生產；病人生完產後我去病房看她，她看到我高興地伸出手來，我以為她只是要和我握握手，沒想到她一抓到我的手，猛一下把我拉進她的懷抱中，給了我一個大大的擁抱，嘴裡喃喃念著阿拉保佑之類的話語，讓我印象特別深刻。

今天她卻站在走廊中淚眼婆娑，周圍站著一圈安慰她的護理師和助產士。

「這個病人怎麼了？人不舒服嗎？」

「她的兒子昨天被人槍殺了！她悲痛過度後覺得肚子不舒服，所以想來找醫師做超音波看看！」

我的天！這次換我把她拉在懷裡，好好給她一個擁抱，雖然我們語言不通，但在這個當下，說什麼也沒用，只有緊緊的擁抱，能夠稍稍地釋放這位母親的悲傷吧？

記得我以前在診所也曾經診治過一位陰道大量出血的患者，她告訴我她就是因為獨子車禍，送到加護病房，知道消息後她就血崩了。出生前胎兒臍帶與母體子宮緊密連結，兒女遭逢不測，子宮可能最能感應到母親的悲痛吧？

檢查好送走上個病患後，我還沉浸在悲傷的氣氛中，卻看到一個助產士牽著一個好可愛的小女孩走過，翹翹的睫毛、捲捲的頭髮，躲在母親身後睜著大眼好奇地看著我。

打完招呼，女孩和母親離開後，旁邊的助產士督導告訴我，這個小女孩出生後，被親生母親遺棄在病房的角落（這裡女孩不受歡迎，有些婦女生了女孩會丟在醫院不管）。後來被MSF送到收養棄嬰的NGO組織，而這位年長只有一個兒子的助產士，卻念念不忘這個她所接生的女嬰，所以積極與NGO組織聯絡，克服重重困難，透過手續領養了這個經由她的手，接引來到世間的可愛女孩。因為這位助產士的愛，讓這個女嬰從一個母親（生母）的子宮，直接落入另一個母親（養母）的懷裡，健康成長，現在已經是一個小美女了。

世界各處有許許多多的可愛孩子，因為種種不得已的原因，被原生父母放棄。心懷大愛的人們收養了這些棄嬰，讓他們有個溫暖的家。這些孩子被養父母視如己出，呵護寵愛。雖然出生就被拋棄，但卻換得更愛他們的父母和更多喜歡他們的叔叔阿姨們，是否算是因禍得福呢？

狠心說NO，有時才是真正的慈悲

這天從外面來了一個產婦懷孕約八個月，這是她的第五胎，但前面四胎只有一個活產的寶寶。

她的血型是Rh陰性，可能是因為與寶寶血型不合，母體產生的抗體，對抗胎兒導致胎死腹中。美國婦產科學會建議這種產婦，最好在懷孕二十八週和生產後七十二小時之內各打一支免疫球蛋白 RhoGAM®，預防抗體產生。

阿富汗人種複雜，組成包括塔吉克人、哈札拉人、烏茲別克人等等，血型較偏向歐亞體系，所以Rh陰性的人比例不少（百分之八至十五，臺灣人只有百分之〇．三），如果Rh陰性的女性嫁給Rh陽性的男性，懷孕的寶寶就會有很高的機率是Rh陽性（因為Rh陽性為顯性遺傳），產婦會產生抗體對抗寶寶，造成重複性流產或胎死腹中。

預防抗體產生的方式，就是施打免疫球蛋白 RhoGAM®，讓這些人造的抗體與胎兒的抗原結合，避免刺激母親產生抗體，攻擊下一胎的寶寶。但是RhoGAM®這個藥不便宜，一針要四十歐元左右，在這裡更顯得昂貴，所以MSF只提供給在本院生產的產婦施打，若是外院生產的寶寶就沒有這個福利了。

無奈的拒絕這個媽媽的懇求，請她自費在其他醫院施打，看著她失望落寞離開的背影，我的心裡酸酸的，不知道她是否有錢能到當地醫院或私人診所施打？還是因為沒錢施打，又生下死胎？然而，如果破例為她施打，社區中口耳相傳，許多其他Rh陰性的產婦都會蜂擁而至，排擠到本院生產後需要施打的病患。

這樣的難題，在人道救援的工作中常常發生。

在MSF待產的孕婦，不能輕易地進行剖腹產，原因是日後再度生產時，產婦可能會因戰爭或交通不便而無法到醫院生產，到時候先前剖腹產留下的子宮傷口，就可能會導致子宮破裂、產後出血等風險；另外，重複非必要的剖腹產，也會消耗當地有限的醫療資源*，排擠掉真正有需要手術救命病患。

在臺灣以及許多先進國家，不建議愛滋媽媽餵哺母乳，怕會傳染給新生兒。但在非洲許多國家的愛滋病計畫中，卻教導愛滋媽媽餵哺母乳，因為根據WHO的研究，在落後地區的愛滋媽媽，如果不讓她們餵母奶，只由人道救援組織供給配方奶粉，由於當地用來泡配方奶的水源汙染有細菌，會導致嚴重的嬰兒腹瀉，腹瀉死亡的機率反而遠比感染愛滋死亡要來得高；而且萬一有戰亂，配方奶斷了補給，媽媽又退奶沒有母奶，寶寶會因為營養不良而提高死亡率。因此MSF在這些區域還是鼓勵接受治療中，病毒獲得抑制的愛滋媽媽餵哺母乳，一般不提供嬰兒奶粉。

所以就算是慈善事業，也要有所取捨，才能幫助到真正有需要的人。MSF的志願工作者都知道，用在病患身上的一針一線，都是全世界許許多多善心人士的捐款，但是需要幫助的人有那麼多，如何將有限的資源，用在最需要的地方，是非常重要的課題。狠心的對非必要的醫療需求說「NO」，對真正需要幫助的人伸出援手，這才是真正的慈悲！

＊MSF在中東的許多醫院中所需要的醫療物資，例如藥品、醫療耗材、針線等等，在落後貧窮的當地是沒有供應商，必須由歐洲經土耳其等國家長途運送，如果運輸途中的國家有戰亂政變，醫院的補給物資就會斷貨，志願工作者就要省吃儉用，發揮創意來治療病患，引頸期盼下一波物資的到來。

第四章

多的是，你不知道的事

不被歡迎的女兒

她面向著牆壁躺在床上，身旁血壓心跳監視器單調地響著嗶嗶聲，阿富汗醫師報告這是一位多胎（第九胎）高血壓合併子癇前症的患者，病人拉起衣服，給我看她的褲襠和床上有一大灘血，超音波顯示有胎盤後有一大堆血塊，這是胎盤早期剝離。*

當時子宮頸進展到四公分，離全開還有一段時間，加上病患表示想要結紮，所以我們決定進行剖腹生產順便結紮，以免出血嚴重。當我到醫院門口向先生解釋產婦狀況並要求同意剖腹加結紮的時候，先生只同意剖腹，但不同意結紮，我們只好先剖腹解除眼前的危機再說。

寶寶平安出生，是個哭聲宏亮的女娃娃。剖腹進去可以看到子宮底呈現紫紅色，即所謂 Couvelaire 現象，是因為胎盤出血滲入子宮壁，造成子宮黑青的結果，在胎盤和子宮間可以看到有五百毫升左右的血塊，還好剖腹及時，拆除了這個炸彈，警報解除，母女均安。

---

*胎盤早期剝離：胎盤是胎兒的氧氣營養生命來源，本來要胎兒出生後才和母體子宮分離，但是如果因為高血壓或外力撞擊等因素，在胎兒還沒出生前就分離，胎兒氧氣切斷，有可能會造成胎死腹中，母體內出血等嚴重合併症。

術後病患狀況恢復良好，查房時病患卻總是面向牆壁躺著不發一語，女娃娃被扔在母親腳邊，哭得歇斯底里，病患卻好像沒聽見一樣。熱心的肯亞助產士總監G和病人慢慢攀談，才知道原來她的先生在戰爭中瘸了一條腿，在貧窮的鄉間，好手好腳的人都不見得找得到工作了，更何況有殘疾的人？窘迫生活和殘疾自卑的雙重壓力下，這位病患常常成為先生的出氣筒。

病患常遭先生暴力相向，導致心理壓力沉重，血壓居高不下，自從她的先生被冤枉入獄，受到刑求再被放出來後，精神狀況更是不穩。本來病人並不想要再生寶寶，但迫於先生的暴力威脅，只好一生再生，加上這次生的又是女娃娃，回去可能又要挨先生一頓拳頭，所以根本不想要這個孩子，更不想哺育她。

G一面勸解病人，一面拉開病患胸前的衣服，把寶寶湊到媽媽的乳頭前，寶寶的嘴巴一碰到乳頭，好像磁鐵般吸上去，巴咂巴咂吸個不停，病患看著狂吸母奶的女兒，帶淚的眼中終於湧出一絲溫暖，伸手將嬰兒擁入懷中。

出院後這位飽受家暴折磨婦女的命運將會如何？不被歡迎的女兒能夠健康長

大嗎？我在心底深深的嘆息著。

六根手指頭

每天查病房的時候，除了注意病患的狀況外，我都會刻意看看寶寶，新生嬰兒每個都像天使一般的可愛，摸摸圓圓的頭顱，戳戳肉肉的臉頰，玩玩小手小腳，超級療癒的。

另外也可以搶在媽媽出院前，檢查寶寶是否有黃疸或異常的地方，會診小兒科。產婦和家屬也會主動捧著寶寶獻寶一般地給醫師看，似乎在說：「看哪，看哪！這是在妳幫忙下生出來的寶寶，真是多謝妳啦！」

這天看寶寶的時候，產婦的婆婆和病房護理師卻憂心忡忡地把寶寶的小手拿給我看，原來寶寶右手有六根手指，問我這是怎麼回事？以後要如何治療？*胼胝指是一種顯性遺傳，換句話說，如果寶寶有多指，一定父方或母方其中也有人是胼胝指，所以我請翻譯問產婦的婆婆，是否是她兒子或產婦有胼胝指，產婦婆婆一臉茫然地否認，說她兒子一切正常。

翻譯轉向以布卡罩袍包裹臉部和全身的產婦詢問，只見到產婦有些不好意思地伸出平日藏在罩袍中的雙手，果然她有六根手指頭！接著又請她脫掉雙腳的襪子，原來她雙腳也都有六根腳趾頭！想來產婦為了隱藏與眾不同的手腳，平日都用衣物遮蔽，連丈夫和婆婆都不知道，真是辛苦她了！

阿富汗山區氣候十分寒冷，這位六指婦女，可能從小就意識到自己的與眾不同，刻意用襪子，手套和罩袍來遮掩自己的手腳。鄉下的大家庭二十幾口人都生活在同一個屋簷下，平時男性在一起作息，女性在一起作息。如果有「需要」，就是在同一間屋子裡，以衣物遮掩後「進行」。也因此先生或其他家人都沒有發現她的祕密。一直到生產的時候，才被一個臺灣醫師「看破手腳」！

看到產婦婆婆和病房護理師恍然大悟，用崇敬的眼神看著我的時候，不禁啞然失笑。這就像穿越劇中，現代人穿越到古代，說出一些現代大家都知道的知識，卻唬得古代人一愣一愣的橋段一樣。這種顯性遺傳，一定是來自雙親一方，是遺傳學中的基本知識，在這裡卻贏得病患的驚嘆尊敬，還好以前在醫學院有好好念遺傳學，果然用功沒有白費啊！

＊有骿胝指的新生兒可以手術切除多餘的指頭恢復正常，在落後醫療不發達的區域，則以絲線綁住多餘的指頭底部，贅生指就會因缺血壞死而脫落。

寶寶路障

阿富汗的人種多元，四成是帕什圖人、三成是哈薩克人，另外有一成為哈札拉人，和其他少數民族。《追風箏的孩子》（The Kite Runner）一書中，男主角童年玩伴哈山就是哈札拉人。哈札拉人是蒙古人的後裔，外觀看起來就和亞洲黃種人一樣，行走在醫院走廊上，常會有病患或家屬誤以為我是阿富汗哈札拉醫師，把我拉到一邊，嘰嘰咕咕地說著帕什圖語（Pashtun），一股腦地傾訴著對病況和生產的憂慮。

這天早上查房的時候，又有一個肥胖的大嬸，搖搖擺擺地把我拉到病房角落，伸出小指頭比呀比，指著病床上一個因產痛哀哀呻吟十五、六歲的小產婦，擠眉弄眼地附在我耳朵邊，小聲說了一堆話。傳喚翻譯後才知道，小產婦是大嬸的姪媳婦，產婦先生反映產婦的陰道很小，怕生產有問題。助產士從陰道做檢查，觸摸感覺不到子宮頸，所以希望醫師來檢查。根據小產婦哀號的頻率，陣痛約每兩分鐘一次，應該是快生了。做內診的時候，感覺胎頭已經下降到陰道口了，卻被陰道下段一層的膜包裹住，寶寶一直在產道上上下下，就是無法突破這層膜。診斷這是一個女性器官先天發育畸形，陰道橫膈的病患。

女性陰道在胚胎發育的時候，是由上向下的穆勒式管，和由下向上的泌尿生殖管兩個管子融合在一起形成。有些女性沒有融合完全，就會留下一個肉膜狀的結構橫擋在陰道中；因為這個肉膜中央有一個小洞，經血流出不受影響。在文明開發國家如果有陰道橫膈的女性，青少女時期使用棉條塞不進去，或有性行為時性伴侶覺得卡卡的，前往婦產科做個簡單的內診就可以發現，動個小手術切除橫膈，陰道就暢通無阻了。但在保守的回教國家，這種狀況常常到生產時才發現，有陰道橫膈的女性在家裡生產，胎頭在陰道下降時，被這個天然的路障擋道，就會難產。

只要切開隔膜，去除阻擋寶寶的路障，小產婦就能順利生產。手術前因為要取得男性家屬的同意，和翻譯一起到男性家屬等候區找她先生，出現的是一個滿臉稚氣，臉上還有青春痘的小男生，兩個小孩生小孩，感覺真奇妙！小丈夫很害羞，頭低低眼睛不敢對我看，腳無意識地踢著地上的小石頭。

因為他太太的狀況特殊，所以我花了一些時間配上手勢，向小丈夫解釋手術的過程和必要性。可能說明得太過仔細，內容牽涉太多女性私密構造，小丈夫頭越來越低，臉越來越紅，耳珠子紅腫，脹到發亮，等解釋完後，他趕緊在手術同意書摁上拇指印，落荒而逃。

取得同意後趕快把產婦送入產房，在局部麻醉下切開隔膜，啵一下就蹦出了一個可愛的小男孩。經過這次的小手術去除寶寶路障，小產婦和小丈夫，還有熱心的大嬸婆，應該都會感到滿意吧？

☆同場加映「醫院路障」：每年暑假過後，會有一群青澀的醫學生到醫院見習，因為什麼都不會又很礙事，所以見習醫師（clerk）被戲稱為「路障」。

第五章

我的戰場在產房

心跳暫時停止

這天上午有位病患因為破水和出血前來求診，超音波發現肚子裡有三個寶寶。

病患感到很驚訝，她在懷孕前曾自行服用排卵藥物，但因為沒有產檢，所以沒想到懷有三胞胎，胎兒大小約八個月（三十二週），胎肺一般要到三十四週才會成熟，出生後才能自行呼吸，所以原先打算如果出血量不多，先打針催熟胎肺，*再讓病患生產。

不幸的是病患出血越來越多，懷疑有胎盤早期剝離，而且子宮收縮頻繁，進展很快，半小時子宮頸就從三公分進展到全開，生下一個女嬰。但在等待生第二胎的時候，病患先是躁動，接著突然臉色發白，失去意識，沒了呼吸心跳，於是助產士開始做CPR（心肺復甦術），緊急呼叫我過去。

接到電話後衝刺到產房，我跳上推床接手壓胸，就像電視上演的一樣，跪在推床上按壓，和病患一起被送入開刀房。此時麻醉科醫師趕到插管，給予強心針，病患慢慢恢復心跳，阿富汗醫師以手伸入子宮拉出剩下的兩個胎兒（因為母體休克，無法供應氧氣，已經死亡），以減少母親心臟負擔。

---

* 為有早產現象的孕婦施打類固醇，等二十四小時後，可以催熟胎肺，增加早產兒存活的比率。

移除死胎後，病患因懷過三胞胎而過度膨脹的子宮，收縮無力並且倒翻出來，*在我們將子宮復位後，子宮又因為收縮不良，開始出血，因此我們再度安排緊急手術切除子宮。人仰馬翻的結束手術，大家都虛脫了。還好手術後病患生命徵象穩定，慢慢恢復意識。

統計這位病患一共經歷了五種致命的產科合併症：

1. 胎盤早期剝離。
2. 羊水栓塞（事後查書檢討，病患會在生產過程中突然休克，很可能是生完第一個寶寶後，大量的羊水透過早期剝離胎盤的傷口處進入母體，堵塞肺部，造成缺氧休克）。
3. 休克。
4. 子宮倒翻。
5. 收縮無力導致產後血崩。

以上任何一個合併症都有可能斷送了產婦的性命，但病患竟然奇蹟式地存活下來！雖然三個寶寶只剩下一個，但能從死神的手中，把失去呼吸心跳的產婦強拉回來，真是阿拉保佑啊！

隔天一早去看昨天急救後又切子宮的病患，她神奇地坐在床上吃早餐，一點也看不出曾經瀕臨死亡的邊緣。昨天在產房參與急救的助產士還特別跑到一般病房來探望這個病人，大家都很高興這個病患平安恢復健康，據助產士說她昨晚擔心這個病人，噩夢連連，哭著從夢中驚醒。現在看到病人沒事，終於喘一口氣放心了！

為了平衡一下昨天的驚魂記，今天趁閒暇的時候去參觀托兒所。MSF計畫中，很多醫院都有提供托兒的服務，KMH也有，專收一歲以下的嬰幼兒，以方便本國女性員工就近餵哺母乳。看到好多自製的嬰兒搖搖床，和

---

* 想像子宮是一個巨大的購物袋，過度撐開後，袋子底部從陰道倒翻出來，垂吊在陰道之外，無法收縮。

滿地亂爬的小貝比，可愛得不得了，睡著的嬰兒有著異常捲翹的睫毛，讓我好想偷親一口。

看著本國員工輕鬆地聊天餵哺嬰兒，或拉繩搖動小床哄著寶寶，和產房的腥風血雨，真是強烈的對比啊！

醫師，我們有個死掉的病人

晚上十一點半，正當我朦朧進入夢鄉，手機突然響了，以下是我和阿富汗值班醫師的對話：

「Dr. Yilei, we have a dead patient !」（伊蕾醫師，我們有個死掉的病人！）

「What ? Do you mean one patient is dying ?」（什麼？你的意思是病人在瀕死的狀態嗎？）

「No ! The patient is already dead ! 」（不是！病人已經死了！）

「How about her baby ? 」（那她的胎兒呢？）

「Her baby is also dead ! 」（她的胎兒也死了！）

我從床上跳起來，戴上頭巾，跑去醫院，看到一堆助產士和阿富汗醫師圍在門口一輛濺滿爛泥的小自客車周圍，車子後座躺了一個約懷孕七個月、三十多歲的清秀婦人，閉著眼睛，看起來就像在睡覺一樣。

據阿富汗醫師報告已經仔細檢查病患無呼吸心跳，死亡多時。

病患和先生一家人住在遙遠偏僻的山區，懷孕時就常常心臟不適，中午時還好好地準備午餐，待吃完收拾的時候，病患突然昏倒在地。先生和他的母親向鄰居千求萬託，借了一輛車子載著病患要來我們醫院，開車開到下午四、五點時，婆婆發現躺在後座的媳婦已經沒有氣息，告知兒子，但病患先生還是不放棄，又開了六個小時的車程，抱著最後一線希望趕到我們醫院，希望我們能救救他的太太。

當我們很遺憾地告知先生他太太已經死亡，幫不上忙，只見先生癱坐在醫院的長椅上無法站立，就好像已經全力奔跑到終點的馬拉松選手一樣，失去最後的希望和力氣。

看到這個因疲累和悲傷，雙眼發直，茫然哭不出眼淚的男人，想到他只能帶著太太的屍身，再開車十幾小時，回到偏遠的家鄉，告訴他三個年幼的孩子，媽媽睡著永遠醒不來了，我趕快背過身來，揉揉發酸的眼睛，害怕自己的眼淚就快要流下來了！

第一場雪

這天晚上特別忙碌，先是有一個全前置胎盤出血的產婦需緊急剖腹產，後面又有兩個曾有剖腹產病史嘗試自然產的病患，一位頭胎產婦，一位從私人診所轉過來難產的產婦共四個人都有產程遲滯的現象，換句話說，如果這四個人都生不下來，我們可能會有連續共五台剖腹生產！值班的阿富汗醫師聞訊臉都綠了！

還好在耐心的等待和催生藥物的助攻下，這四個產婦前後進入子宮頸全開的狀態，等到時機成熟，再用真空吸引的方式，陸續讓這四個孕婦都從陰道自然生產，除了有些許陰道裂傷需修補外，所有媽媽和寶寶的狀況都還不錯，夜間產房督導也說她本來不看好這幾個產婦能自然生，竟然全部被我吸下來，她也很意外。因此她開玩笑幫我取了一個綽號叫做 Dr. PuCHi PuCHi。

真空吸引是用一個鐵杯放在胎兒頭上，鐵杯後連管線抽真空，讓胎兒頭部受到外力真空牽引而向下娩出。在臺灣等先進國家，抽真空都是接機器吸引，在這裡則是接人工手動唧筒，要拉寶寶頭的時候，就要請助產士手工加速抽氣，唧筒會發出 PuCHi PuCHi 的聲音。

不過逞英「雌」的結果就是，回到宿舍腰酸背痛，躺下去差點爬不起來，畢竟有些年紀啦！

不幸半夜四點還是被電話叫起來，原來有一個水腦的寶寶，催生後因為是臀位產，身體先生出來，但是頭異常的大，卡在陰道裡下不來。我們進開刀房幫病患上麻醉，用器械在已無生命跡象的水腦寶寶後腦杓開個洞（這樣水腦的寶寶即便順產也無法存活），把腦袋的水放出來，腦袋消風後就輕鬆從陰道娩出了，產婦也避免為了這個無緣的孩子平白無故肚子挨一刀，增加日後自然產子宮破裂的風險。

清晨五點走在黑暗中回宿舍，身體因為疲累和寒冷，肌肉緊繃痠痛，心靈卻因為產婦們都平安，格外地安寧滿足。臉上突然覺得冰冰的，抬頭看到天上緩緩飄下白色的絨毛，下雪了！這是我在霍斯特的第一場雪。

換藥 Live Show

產婦十天前曾在KMH因破水過久，產程遲滯，接受剖腹生產手術。出院後因為傷口疼痛，流膿紅腫，又回到醫院檢查。

打開紗布，拆除縫線，看到手術傷口感染化膿，癒合不良。這種狀況在破水過久，羊水或羊膜已經有感染的狀況下的剖腹生產特別常見。治療上給病患施打廣效性抗生素，並且將傷口打開，每日三次換藥，將感染控制下來後，再將傷口重新縫合。

傷口感染的照顧換藥叫做「溼換藥」（wet dressing），先以生理食鹽水將傷口沖洗乾淨，再以碘液用生理食鹽水稀釋，沾溼紗布塞在傷口中，外覆以乾紗布，這樣毛細作用會將傷口中的骯髒滲液帶出，去除細菌髒污。一天最好要換三次以上。

以前在大醫院換藥的工作都是實習醫生或護士在做，現在這裡的醫生和護士都沒有相關的經驗，只好我自己來。換藥時需要生理食鹽水、紗布、透氣膠帶、碘液、鑷子、換藥盆等工具，要慢慢等病房護士好像闖關遊戲般，一樣一樣到各處蒐集張羅，例如生理食鹽水要到手術室討要（是的，病房連生理食鹽水都沒有，好想仰天大叫：「啊……」），換藥器械要到產房拿，紗布膠帶要到庫房領取。等東西備齊約需二至三十分鐘，才能開始換藥。

ＭＳＦ產科病房是大通鋪，共有二十幾床的產婦和家屬住在一起。每次換藥，雖然有隔屏遮蔽，但好奇的病患和家屬會從隔屏的縫隙中偷看，猛一抬頭，就會發現十幾對好奇的眼睛盯著我，發現我在注意，這些眼睛就像森林裡的小動物看到獵人，倏忽躲到屏幕後面消失，但只要轉開視線，這些眼睛又一對一對慢慢浮出來透過縫隙偷窺。

被換藥的病人也很配合賣力演出，從看到我推著換藥車出現，就雙手舉向上天，向阿拉悲嘆自己的歹命，同時也昭告大眾：「好戲就要上場了！」再來病人拖拖拉拉，不情不願地躺回床上，用手護住下腹傷口。護士只好拉開她的雙手，翻開罩袍、褲子等重重障礙物才能讓我看到傷口。

此時病患一會兒用頭巾遮眼，一會兒扭動身體，用盡肢體語言來表達自己的不情願。旁觀者也紛紛發出附和同情的嘆息聲。再來撕開膠帶，只要稍稍牽動到傷口，病患就會發出急促的叫聲。打開傷口，慢慢拉出沾滿膿血的紗布，周圍的觀眾此起彼落地發出「啊啦……」的驚嘆聲，病患也配合著提高音量，發出長長的呻吟。護士手忙腳亂地安撫病人，傳遞器械，還要斥責圍觀的病患回到自己的床上。大呼小叫的結果，卻是吸引了隔壁病房更多的病患和家屬好奇圍觀。

等消毒好傷口，換上乾淨的紗布，我在下雪的冬天累出一身汗，此時旁觀群眾才意猶未盡地慢慢散去。八小時後同樣的場景又再出現一次，每天都要表演三場醫學換藥 Live show，下次換藥以前，似乎可以考慮兜售門票喔！

專欄

「無國界醫生」的救援任務

MSF於一九七一年成立於巴黎，當時奈及利亞飢荒，約有一百萬人處於飢餓當中，一群醫生和記者為了永續經營援救組織，因而創建。至今五十年，MSF成為一個在八十餘個國家有活動，有三萬人在全球投入救援工作的龐大組織。

MSF的經費一年有十六億歐元，百分之九十以上來自於個人小額捐款。這讓MSF能夠維持獨立，堅守中立原則，不介入任何政治衝突。

MSF的組織架構全球有六個任務中心（Operational Centers, OC），分別位於布魯塞爾（我受訓的地方，也是香港辦公室的上級組織）、巴黎、巴塞隆納、日內瓦、阿姆斯特丹、科特迪瓦。下設各協力機構（例如香港）和辦公室（臺北）。OC可以制定各種救援計畫，其下的協力機構則擔任人員招募和募資的工作。

MSF外派人員工作的兩個重要基石，除了醫療救援之外，還有現場見證（Témoignage），向世人揭露見證各種不人道不公義的事情，例如羅旺達種族屠殺事件（Rwanda genocide）中，就是MSF的人員透過政府軍的重重封鎖，把現場的慘況向世界媒體批露，促使聯合國軍隊介入阻止，各種天災人禍造成的苦難。希望藉由國際壓力或援助，對於受害的人民有所幫助。

常常有計畫因為危險而被終止，但是仍有醫護人員自願留下來，繼續為當地人民服務，因為他們知道，如果連MSF人員都撤離了，那麼當地的人民就更可憐了。有一位MSF醫師說得好：「Human beings deserve to be treated and saved, because we care.」（人們應該得到治療和拯救，因為我們在乎。）

參加剛果民主共和國伊波拉病毒控制計畫的MSF人員，除了在當地工作要冒著感染病毒的生命危險，計畫結束也不能馬上回家和家人團聚，必須要隔離檢疫二十一天，確定沒有發病才能回家。

阿富汗昆都士地區（Kunduz）的外傷醫院，不論傷者身分或背景，都會來此受到照顧。二〇一五年，該醫院被一連串空襲轟炸，醫院內設有加護病房、急症室和內科治療病房的主要中央醫院大樓，在每次空襲中都被重覆準確擊中，至少四十二人喪生，包括十四名「無國界醫生」員工、二十四名病人和四名護理人員。美國政府其後承認空襲，而且不斷改變對這場襲擊的說法，「無國界醫生」嚴厲譴責襲擊，要求就事件進行完全透明而獨立的國際調查。

2

PART

伊拉克救援任務

第六章

從傷痛之中慢慢復原

危險通勤路

阿富汗任務結束後，二〇一九年後半年前往伊拉克出了兩次任務，第一次一個半月，第二次兩個半月，總共四個月的時間。

伊拉克位處兩河流域，有著世界上最早的文字（楔形文字）、法律（漢摩拉比法典）、農業灌溉系統，稱為「文明的搖籃」，當地人民也非常以自己悠久的文化歷史自豪。我所工作的納布盧斯醫院（Nablus）位於伊拉克北部摩蘇爾（Mosul），是伊拉克除了首都巴格達外的第二大城，市區中央有底格里斯河（Tigris）通過，將城市分成東西兩半。

摩蘇爾在伊斯蘭國（ＩＳＩＳ）戰爭以前是非常繁榮的大城市，一度有著全中東最進步的教育和醫療體系，二〇一六年ＩＳＩＳ占領此地並設為首都，後來ＩＳＩＳ被伊拉克和庫德族軍隊南北夾擊，殘餘部隊被圍困在摩蘇爾城市中，發生激烈的巷戰，尤其以納布盧斯醫院所在的西半部最為慘烈，幾乎所有的水電供應的公共設施和建築全被砲火摧毀。戰爭前摩蘇爾約有兩百萬人，戰爭時一半人逃走，只剩一百萬人，專業的醫療人員為了保命，四散奔逃，當地人民極度缺乏醫療。

ＩＳＩＳ戰爭時的納布盧斯醫院是由一個小小的地區健康中心加上幾個貨櫃屋拼湊而成的創傷醫院，提供當地人民基本的醫療服務。隨著ＩＳＩＳ被擊退，這個城市在慢慢復原當中，人們慢慢回來重整家園，二〇一九年我前往服務的時候，統計人口約為一百六十萬人。納布盧斯醫院除了提供急診服務外，為了因應當地復甦成長的出生人口，也慢慢加入母嬰照護，所以需要婦產科的專長。

前往服務的路途，必須先飛到伊拉克首都巴格達，再轉國內飛機到庫德族自治區大城埃比爾（Erbil），接著再坐MSF的交通吉普車從埃比爾出發到醫院所在地摩蘇爾，大約是三到四個小時的車程。雖然ISIS戰爭已經結束兩年，但周邊地區仍有許多ISIS潰散的游擊勢力伺機而動，一路上會通過許許多多的檢查哨，為了避免ISIS成員蒙混進城進行恐怖攻擊，伊拉克軍人會加強盤查。

在出發以前，負責運輸的人就耳提面命過檢查哨的重要安全規則，車窗要打開五至十公分左右，臉上不要有任何表情，眼睛直視前方不要看東看西，停止聊天說笑，拿下太陽眼鏡露出臉龐，不要聽音樂、滑手機，帶齊所有的文件以備查核。

一路上大概過了五個以上的安全檢查站，每個站上都有荷槍實彈穿著迷彩裝的軍人把守，可能車窗前有貼MSF的標誌，所以在檢查護照後都安全通過，沒有為難我們。

車行四小時後進入摩蘇爾市區，市區中央有一條底格里斯河通過，將城市分成東西兩半，東半部受戰爭影響比較少，西半部則在和ISIS的戰爭中幾乎完全摧毀，只剩斷垣殘壁，在這些瓦礫堆中，有著許多未爆彈和地雷，不小心就會誤觸喪命，所以聯合國和美國的軍隊在幫忙掃雷中。

外派人員也被警告，如果不得已因為車禍或其他因素必須下車，千萬要站在馬路上，不要站在人行道邊的石頭堆中，以免誤踩地雷。據說就在我們到的前一天，有一群孩子在瓦礫堆中玩耍，未爆彈爆炸，死了一個，重傷好幾個，受傷的孩子被送到MSF醫院急診救治，真是可憐！

和阿富汗不一樣的是，這裡的外派人員住在離醫院半個小時的租屋處，每天需通勤約半小時上班。兵荒馬亂的地區，出於政治或勒贖的原因，外國人常常被盯上或被綁架。為了安全，所有外派人員會在上、下班時分散成不同路徑，不同時間出發。路途中也可以感覺到司機會刻意繞路，不讓歹徒摸清楚我們的移動時間和路徑。路上還是一樣會通過士兵把守的檢查站，乘客就要不苟言笑，正襟危坐。

我所工作的納布盧斯醫院有急診、婦產、小兒、心理衛生等科別，提供社區居民各種醫療需求，和阿富汗霍斯特母嬰醫院只收孕婦和新生兒不同。這個醫院一個月生產數約五百到八百個，雖然沒有上次服務的阿富汗霍斯特母嬰醫院一個月兩千個那麼多，但也不算少。這裡一樣有早晚兩班，每班有兩位本國醫師值班，MSF外派醫師則擔任監督的角色。

伊拉克的女性多為阿拉伯裔，比較開放一些，上街不用穿布卡和面紗把臉遮起來，只要戴頭巾即可，女性年長一些的以黑色罩袍為主，年輕女性衣著則顏色比較多彩。病人從穿著、言談、小嬰兒的衣服等等，明顯地可以感覺出比阿富汗霍斯特地區富足一些，因此治療病人的時候，拿捏的準則也和阿富汗不同。

例如阿富汗剖腹生產的比率相當低，約百分之二至三而已，因為阿富汗婦女要一直生、一直生，為了避免日後子宮破裂的危險，盡量不剖腹；而這裡寶寶狀況不好家屬是會有意見的，所以剖腹產率相對比較高一些，約百分之十五左右，重複剖腹三次甚至四次的病患所在多有。

摩蘇爾城市中除了納布盧斯醫院外，還有許多其他專科醫院，如果產婦狀況嚴重或合併其他內外科問題，半小時之內就可以轉診到其他醫院，不像阿富汗轉診到喀布爾要八小時以上的車程，相對醫師的壓力也比較小一點。

但相同的是，兩國一樣重男輕女，希望生男孩，多子多孫。每個產婦身邊都跟著一個強勢的婆婆媽媽，想要左右醫護人員的決定，不斷希望我們檢查產婦，緊迫盯人地問我們什麼時候會生。

急診灰姑娘

在這個伊拉克的任務中，來之前日內瓦總部有言在先，一週必須工作六天。這天是星期五，等同於西方世界中的星期六，還是要工作，但是可以稍微提早到下午兩點下班。忙完病房的事情後，我就高高興興地和其他外派人員回「家」休息。

到四點多正想去廚房找點東西吃，卻發現 Field co.（醫院的大老闆）和 Head of Nurse（護理督導）兩人面色凝重地在講電話，看到我招手示意叫我過去。原來 MSF 在摩蘇爾南方有另一個 Q 醫院，收到一個陰道大量出血的病患，因為 Q 醫院中沒有婦產科，只好把病人轉到當地其他醫院治療，但是病人仍然出血不止，病人又回到 Q 醫院，血色素只有四．六！（正常女性血紅素約為十二）因為病患生命徵象不穩，狀況越來越糟，所以 Q 醫院緊急派出救護車，將病患轉到納布盧斯醫院，雖然是一週中難得的假期，還是希望我能回醫院處理這個轉診病患。

對我來說，病人就是病人，需要我的治療我就去。

當下背上背包跳上車就向醫院去，大家也許覺得去醫院就像臺灣一般醫師去接生，坐個計程車就好了，沒什麼大不了，但這裡是戰亂動盪區域，為了安全，一個外派人員去醫院處理急症，需要派另一個外派人員陪著去，車輛司機和路線都要另外調度。

因為是突發狀況又是假日，後來由 Field co. 大老闆陪著我，而且路上被告知要在六點半前離開，否則宵禁開始，不能移動，就要被迫留宿醫院，因此只有不到一小時能處理病人。

還好到醫院時看到病患因為被打上點滴，狀況已經穩定許多，超音波發現一個十多公分的大肌瘤，這就是出血的原因，立刻幫病患輸血，用上收縮止血藥，並向家屬解釋狀況，等開好醫囑交辦事項完成，最後終於在下午六點二十五分的時候離開病房。

雖然沒有華麗的衣裳和英俊的王子，但專屬的MSF吉普車正等著載我回宿舍，匆匆忙忙跳上車，檢查確定該帶的隨身物品都有在身邊，終於鬆了一口氣。感覺自己好像午夜十二點鐘響結束前要趕回家的灰姑娘喔！

南蘇丹的驚人故事

晚上在外派人員的宿舍晚餐中，大家隨意聊天。助產士督導E來自肯亞，她曾參加過許許多多的MSF任務，今天聊起她在南蘇丹的經歷，讓我瞠目結舌，以下的故事，以E第一人稱記述：

南蘇丹因為內戰多年，軍人隨意屠殺百姓，平民死傷慘重，所以需要許多的人道援助，如果有食物分送給當地人民，他們一定把所有食物一次吃完，吃到撐或吐也在所不惜，因為他們很有可能在下一個小時就被軍人打死了。

我在一個小村落中的醫院幫助生產，但有一天接到安全警報，叛軍要打來了，我們只好倉皇撤離醫院，到最近的UN庇護所。撤離的時候我只有身上一件衣服，在庇護所五天都沒有刷牙洗澡。等混亂穩定下來，我們回到醫院，發現醫院中所有的東西都被搶走了，只剩下醫療鐵床因為太重搬不走而留在原地。

叛軍走了，村民蜂擁而至尋求醫療，而我們什麼也沒有，來生產的媽媽，孩子生下來，助產士只能撕下媽媽身上衣服的布條綁住臍帶，用好不容易找到的外科小刀片慢慢切斷臍帶，這個刀片泡了酒精消毒後重覆使用在下一個產婦身上；大腿被子彈貫穿的青年，我們沒有手術器械可以取出子彈，只好用布料加壓止血後讓他回家；產後出血的病患，沒有收縮止血藥物，只能打上點滴用手按摩子宮，祈禱出血會自己停止。因為其他員工都逃跑了，只剩下我一個人七天七夜沒有睡覺，日夜不停地接生，直到總部派人來接替我為止。

有一次我擔任巡迴醫療（Outreach，因為當地許多居民居住在深山中逃避戰火，所以MSF必須將醫療送到深山中），正在村莊中醫治病患時，收到Field Co.的電話，叫我緊急回醫院。

我和吉普車司機趕回醫院，在路上碰到持槍的叛軍把我們攔下來，司機對我說：「我一定會死，妳趕快逃！」

「我們兩個今天都不會死！」我對司機說。

叛軍中有一個人會說英文，問：「你們要去哪裡？要幹什麼？」

「MSF接到電話，說村落中有一個婦女產後大出血，我們要去接這個病人回醫院治療！」我回答。

「好，那麼你們趕快去！」叛軍說。

就這樣逃過一劫，司機非常感謝我救了他一命。回到醫院，發現大家都打包完成，我回到房間倉皇打包，隨大家撤離到機場，坐上貨運飛機，飛機起飛後十分鐘，就聽到遠遠傳來爆炸的聲音。原來是叛軍突然攻入醫院所在的城市。但是兩個星期後叛軍被政府軍趕跑，狀況穩定，我們又回到原來的醫院繼續執行醫療業務。

我有一個MSF的同事是TB nurse，是執行結核病治療計畫的護士，結核病患因為要長期吃藥追蹤控制，不然治療中斷，前功盡棄，而且會傳染給他人，所以結核病患都有列冊管理。

當這個護士負責的醫療站受到叛軍攻擊，他帶著醫療站中的二十個病人逃出來，將結核病患名冊綁在胸前，背上背著結核藥物，穿過叢林，為了躲避叛軍，有時需要全身浸在沼澤中，只留頭部在水面上，如果又有子彈飛過，就要悶氣把頭部浸在水中，就這樣走走停停，等到達安全地帶時，二十個病患只剩下四人和護士本人存活下來，雖然結核藥物在沼澤中已經浸濕毀壞，但奇蹟的是，結核病患名冊還完好地保存下來！現在這名護士還持續為MSF工作中。

去過南蘇丹後，不管到哪裡，我都保持房間東西井然有序，因為隨時做好收拾行囊撤離的準備，而平日隨身包包中，永遠備有一雙手套、臍帶夾和一支消毒刀片。

有一次在回家鄉奈洛比（Nairobi，肯亞首都）的火車上，剛好有一個鄉下貧窮婦女臨產，我不慌不忙地取出準備好的裝備，幫助她順利生產。列車長非常感謝我的幫助，在列車上廣播要求乘客樂捐，收集了一大袋錢交在我的手上，我把這些錢轉送給這個貧困的婦女，對她來說這可是一大筆錢，她高興極了！

無法說明的眼淚

下午的產房，一樣充斥著產婦的哭叫哀號聲，偶然傳來新生兒洪亮的哭聲。等一等，為何有小女孩的哭聲呢？循聲前往檢查室，發現本國婦產科醫師和翻譯小姐，圍著一個小女孩急切地以阿拉伯語提出問題。小女孩大約只有六歲，有著捲捲的頭髮和肉肉的臉頰，她似乎嚇到了，一面抽泣，一面結結巴巴地回答問題。

翻譯告訴我，小女孩母親說女孩和哥哥玩耍，從高處跌下來，陰部受傷出血不止，尋求治療外，最主要是要開立診斷書，證明處女膜是因為撞傷破裂。但護士檢查後覺得狀況並不單純，把母親請到外面，希望醫師能單獨診察女孩。

以前在臺灣也曾看過一些小女生，因為騎腳踏車或跨越欄杆，不小心撞到陰部的傷痕，因為陰道外有大小陰唇保護，所以一般是單側小陰唇裂傷加黑青，而且只有陰部傷痕。我和護士合力脫下女孩沾滿血漬的褲子，發現這個小女生是陰道和肛門間正中一條裂傷，合併小腹部和膝蓋有著黑青和擦傷，婦產科醫師的第六感強烈地懷疑性侵的可能性。加上女孩說詞反覆，一下說是哥哥推她跌倒，一下又說自己撞到水塔。

等母親進來後，本國醫師向她解釋可以在麻醉下安排縫合止血，媽媽說要和爸爸商量，結果爸爸不願手術，只要我們開立處女膜證明即可，但是在MSF這種重視兩性平權的人道醫院，是不可能開這種封建的處女膜證明書的。

最後小女孩一面揉著眼睛，一面啜泣著被媽媽帶走了。這時真心希望是我診斷錯誤，因為如果診斷正確，父母拿到其他本地診所或醫院開立的證明書，把小女孩帶回家後，她的命運會怎麼樣呢？

小女孩走後，我們醫療團隊都沉浸在沮喪的心情中，好幾個醫師護士都紅了眼眶。有位醫師告訴我她在巴格達的醫院中，也曾看過一個家人說從高處跌下來的小女孩，檢查後發現，她不但處女膜破裂，甚至到陰道頂端（posterior fornix）也裂了一個洞，腸子都掉到陰道來了！推測應該是太過強大的衝擊，甚或是陰道被插入尖銳物品才可能產生這樣的傷痕。醫師必須開刀進肚子修補破洞，事後家人還是堅稱是「跌倒」造成。

另一位醫師則說，她在鄉下醫院服務執業時，每個禮拜都會接到十五、六歲的女孩被家人帶來，開立處女膜完整，還有身心已經成熟可以結婚的證明。因為長年戰亂，鄉下地方仍有很多逃兵或匪徒盤據，女孩長大如果不嫁，對娘家父母兄長都是一個很大的負擔，如果被欺負了，這個女孩就會對家族帶來恥辱，甚至為了維護家族榮譽，這個女孩會被父兄殺死。所以早點嫁出去，問題就解決了。但年紀小結婚，很早就生小孩，封閉的社會讓女性只能依存先生才能活下去，因此家庭暴力層出不窮。對小女孩來說，身心沉重的負擔卻又是另一個問題。

想著滿眼含淚、結結巴巴說話的伊拉克小女孩，我的心裡好酸、好酸……

第七章

多麼希望每個媽媽都能開心擁抱新生兒

特別甜的牛奶糖

來摩蘇爾前，在埃比爾的辦公室做醫療簡報時，醫療主管告訴我，現在醫院裡有一個病患因為先前生產時四度裂傷，當時修補後回家，但又因為傷口感染，原先縫補的地方又裂開，回來做了一次清創手術，但因為太過紅腫，只有直腸黏膜癒合，陰部傷口仍沒有完全癒合。

自然生產時胎頭由陰道娩出，如果胎頭太大或媽媽使力不當，陰道就會裂開受傷。陰道裂傷由輕到重分四度：一度只有黏膜裂開，二度到黏膜下組織，三度到肛門括約肌，四度到直腸。最嚴重的四度裂傷等於從陰道一路裂到肛門，兩個開口連成一線，修補要一層一層好好縫合對齊，如果沒有修補完善，日後會產生陰道直腸瘻管，大便會從陰道滲漏，嚴重影響病患健康與生活品質。

在納布盧斯醫院自然生產的病患住院觀察一天就可以回家，但這個病患因為傷口癒合不良，已經住了兩個禮拜！這算是生產後發生的合併症，醫療主管希望我能接手治療這個病患。

到達納布盧斯醫院後，馬上去檢查病患。看到病患陰道傷口發炎在抗生素治療後狀況已經改善，於是隔天安排再一次手術，用尼龍線把傷口重新縫合。經過十天的癒合期，緊張的拆開縫線，高興地看到傷口癒合良好，病患在住院快一個月後，終於可以開心地帶著寶寶回家。

因為在產房住了很久，病患和家屬與員工們都混熟了，查房的時候，醫護人員搶著逗弄她剛滿月的帥兒子，聊聊媽媽經。知道病人終於康復出院，幾乎全產房的人員都替她感到高興。

臨走的時候，她從黑色阿拉伯罩袍中掏出三顆因體溫融化、軟軟的牛奶糖，塞在我的手中表示感激，雖然平常我很少吃糖，在病患期待的眼神中，剝了一顆黏糊糊的糖放在口中。

嗯，今天的牛奶糖吃起來特別甜呢！

雙胞胎歷險記

這天產房可熱鬧了！有兩位懷了雙胞胎的媽咪待產，巧的是，兩位媽媽幾乎同時子宮頸全開，分別在相鄰的兩個產檯上用力，把寶寶「擠」出來。

首先是A產檯的媽媽順利生下一個男寶寶，再來是B產檯生下一個女寶寶，接下來B產檯的媽咪又等了一段時間生下第二個女寶寶，但因為是臀位生產，胎頭稍微卡了一下，寶寶延遲呼吸，趕快召喚小兒科醫師來急救，還好寶寶慢慢恢復呼吸，也發出洪亮的哭聲，大家才鬆了一口氣。小兒急救檯上有三個寶寶同時哇哇大哭，三重唱威力驚人！助產士再三核對寶寶手環上媽媽的名字，生怕弄錯寶寶。

我和另一位S醫師則在A產檯媽媽旁邊，等待她生下第二個寶寶。當時我臉轉向S醫師說話，突然看到她臉色大變，回頭一看，原來A媽咪的第二個寶寶羊膜破裂，羊水瞬間大量湧出，把臍帶沖出來，造成臍帶脫垂，胎頭也同時下降，壓住臍帶，等於寶寶自己切斷了供應氧氣的生命線。

如果想拯救寶寶，傳統的方式是伸手到產道中托住胎頭，避免胎頭向下擠壓臍帶，同時火速送到開刀房剖腹產。但是第二個雙胞胎因為前面有哥哥開路，胎頭已經降到接近陰道口，我們決定火速用真空吸引把寶寶強拉出來，出生後因為臍帶血流被阻斷，寶寶有缺氧現象，還好來急救 B 產婦第二個寶寶的小兒科醫師還沒走，又接著急救 A 產婦臍帶脫垂的第二個寶寶。結果有驚無險，寶寶順利恢復正常呼吸，是個漂亮的女娃娃，哇哇大哭地加入三重唱的行列，變成寶寶四人阿卡貝拉。

大家認為雙胞胎歷險記應該到此結束了吧？還沒，B 產檯媽咪生完胎盤後，又因為子宮被雙胞胎撐太大，收縮用力太久，出現收縮無力，產後出血的合併症。

還好前一陣子曾經和產房人員做過的產後大出血演習，今天派上用場，產婦的子宮在藥物治療和按摩下恢復收縮，出血慢慢停止。這天的雙胞胎歷險記，終於在團隊合作下圓滿落幕，畫下完美的句點。

一樣病患兩樣情

早上查房看到助產士把一個媽媽擺在特別治療室，我好奇地詢問這個待產的媽媽有什麼特別的地方嗎？原來這個媽咪昨天還有胎動，但今天開始感覺不到胎動，加上子宮收縮強烈疼痛，所以來醫院檢查。

助產士找不到胎心跳，有可能已經胎死腹中，怕這位病人和其他一般待產病患在一起會觸景傷情，所以讓她在特別治療室等我做超音波確認。一把超音波探頭擺在肚子上就覺得子宮好硬，心裡有不祥的預感，果然超音波底下胎兒沒有心跳，同時看到胎盤和子宮之間有大量血塊，診斷是胎盤早期剝離。因為病患生命徵象穩定，子宮頸也已經打開兩指，所以決定讓病患自然產出死胎。

另外一個產婦昨晚因為懷孕三十六週合併陰道出血來就診，被收住院觀察，值班醫師報告說昨晚看到胎盤邊緣有一個小血塊，病人住院後出血漸漸減少，胎心正常，所以想要早上出院。

我覺得不放心，又親自做了一次超音波，媽呀！胎盤底下有一大堆的血塊，面積幾乎達到一半胎盤，又是一個胎盤早期剝離的病患！只是這個媽媽的寶寶心跳還在，如果再拖延下去，胎盤剝離面積越來越大，胎兒失去氧氣，就會和前一個病患一樣胎死腹中。

立馬聯絡開刀房緊急剖腹產，根據開刀醫師回報，因為血液滲入子宮壁，病患子宮已經呈現藍紫色，胎盤下有大量血塊。還好胎兒因為早產雖然小一點，但活力還算不錯，轉至小兒科保溫箱繼續觀察。

下午第一個胎死腹中的病患也順利生產，但產後因為子宮強烈收縮太久，出現後繼無力，產後出血的合併症。還好早有準備，子宮在藥物刺激和按摩下恢復收縮止血。產婦媽媽因失血臉色蒼白虛弱，仍然伸出手希望能抱抱自己的孩子。生下的寶寶眉清目秀，雖然沒有生命，但閉著眼睛好像睡著一樣。產婦媽媽把分不清是汗水還是淚水濡濕的臉頰，貼著寶寶的臉，給他第一個、但也是最後的一個深情親吻。病患家屬接過寶寶，替他穿上漂亮的衣服，依據伊斯蘭傳統，帶回去給族中長老念禱詞後下葬，入土為安。

兩個一樣是胎盤早期剝離的患者，一個早期發現，救下寶寶；一個來得太晚，寶寶飛去阿拉身旁。每天在產房，看盡母子悲歡離合，一邊歡喜慶新生，一邊哭泣悲離別，感嘆雖然盡力，但人力有時而窮，多麼希望每個媽媽都能開心擁抱屬於自己的新生兒！

第八章

要解決的永遠不只是醫療

查房猜一猜

摩蘇爾在ＩＳＩＳ戰爭前是有著兩百萬人口的大城市，但因戰爭慘烈，所以平民在戰爭時死的死逃的逃，只剩下一半約一百萬的人口。隨著戰爭結束，人口回流重建家園，二〇一九年我前往服務的時候約有一百六十萬人。

我所服務納布盧斯醫院是由OCG（Operational Center of Geneva）經營設置的醫院，由於回流的人口增產報國，生產人次不斷攀升，產房不堪負荷，一年前向OCB請求支援。OCB在離我們醫院十分鐘車程、更貧窮的區域設置了一個助產所BEmONC，*專門接生一般自然生的產婦，但是如果有高危險的患者，還是會轉介到納布盧斯醫院來治療。

這天就接到OCB轉來第一個有挑戰性的患者。患者頭一胎雙胞胎懷孕，從六月開始就發現有高血壓在吃藥控制血壓，到達OCB經營的助產所時有宮縮，

---

* BEmONC（Basic Emergency Obstetric & Newborn Care）勉強翻成助產所，只接順產的病患，由助產士營運，沒有手術房、血庫、檢驗等設備。相對我所工作的納布盧斯醫院是CEmONC（Comprehensive Emergency Obstetric & Newborn Care），就是有產科醫師和手術房血庫等設施，可以處理子癇前症，產後大出血等產科合併症的醫院。理想上是一個CEmONC底下有好幾個BEmONC，一般產婦在BmONC生產，有問題的產婦轉到CEmONC生產，就像臺灣健保制度下，一般小病在診所看，要開刀住院再轉到大醫院。

血壓雖然有吃藥但仍高達160/100mmHg，診斷為重度子癇前症，所以轉來我們醫院生產。

病患到達後做超音波，發現兩個寶寶都胎位正常，子宮頸開三公分，本來準備開始引產，但是抽血報告出來，她的血小板只有兩萬五！（正常人約二十到四十萬，血小板低於十萬，如果受傷或開刀有可能出血不止，小於五萬甚至有可能自發性內出血！）所以我們打算先輸血小板，等血小板高於五萬再開始引產。

病人中午到，但到下午四點巡房，怎麼病人還坐在那裡什麼也沒做？原本以為助產士太忙忘了執行醫囑，有點不高興，但還是耐住性子詢問，助產士用阿拉伯語嘰嘰咕咕說了一堆，叫翻譯來慢慢溝通，才知道這種特殊血品這裡沒有，要到城市另一端的血庫拿，*需要三小時的車程才能送到，所以才什麼都沒做。還好在傍晚時血小板終於來了，輸注完成開始引產，病患也順利在凌晨兩點生下兩個健康寶寶，不需要剖腹，也沒有產後出血，血壓也在產後慢慢恢復正常。

在異國執行醫療業務，因為語言不通（雖然外派人員間可以英文溝通，但本國員工英文通常不靈光，雖然有翻譯，但翻譯也無法時時跟著），連搞清楚哪床是哪個病人都要透過翻譯問半天（病人會自己偷偷換床位，但床頭的病歷還是別人的，加上名字又是阿拉伯文，查房都在玩猜猜妳哪位遊戲），令人相當挫折。許多做法也和在臺灣執業不同，需要耐心溝通，並配合當地風俗民情，修正原本做事的方法，才能順利執行醫療業務，圓融的解決問題。

人道救援工作，要解決的永遠不只是醫療的問題而已！

＊前面曾提過摩蘇爾這個城市被底格里斯河從中分成東西兩半。ISIS戰爭中，東西摩蘇爾（也就是納布盧斯醫院所在）被炸彈幾乎全部摧毀，東半邊的建築較為完整，所以當地比較大的醫院、血庫，都在東半部。東西摩蘇爾間只有一條窄窄的單線鐵橋跨河通聯，尖峰時間會大塞車。如果要叫血庫送血品到醫院來，車程需耗費數小時之久。好懷念臺灣醫院產房樓下就是血庫，叫血半小時內就送到的幸福啊！

一個結紮手術，可能改變一生

家庭計畫在MSF的醫院中是非常重要的工作之一。如果沒有適當的節育，許多婦女被迫密集的生育，年紀太輕或高齡生產，都會對母親身體造成傷害。眾多的孩子沒辦法受到妥善的照顧，同時使得許多貧窮家庭的經濟狀況更加惡化。

幫產後的病人裝子宮內避孕器，或皮下植入黃體素，可以讓還想生育的婦女身心喘息恢復後，再生下一胎。至於已經生了足夠的小孩，或母體有疾病真的不能再生的婦女，結紮絕育也是考量的方式一。

如果剖腹生產三胎以上，會詢問病患是否在剖腹生產的時候順便結紮，以免在生下一胎時增加子宮破裂的危險。至於陰道自然產後的迷你開腹結紮，是趁產後三天之內，子宮還沒有縮回骨盆腔的時候，在肚臍底下開一個三公分左右的小傷口，就可以把輸卵管紮起來，傷口小恢復快，病患手術第二天就可以出院。對有經驗的婦產科醫師來說，是一個花不到半小時就可以完成的小手術。

但在納布盧斯醫院中只有一間手術房，為了怕結紮手術排擠到常規和緊急的剖腹生產，MSF上級一直沒有核准我們為病患進行產後結紮手術。門診有許多貧窮的孕婦向我們求助。因為在外面的醫院都告訴她們，如果想結紮，就要剖腹產才能順便做，不能單做結紮，又傷身又要自費花大錢。而納布盧斯醫院雖然設備和能力上都能執行產後迷你開腹結紮，但上級不允許，醫師也只能狠心向病患說抱歉。

前面幾任的婦產科醫師和助產士督導都向上級建議，希望核准執行相關手術，都不幸叩關失敗。但是前幾天剛好有MSF高層來本院參訪，和醫療人員會談時，我大膽地又丟出這個議題，不知是運氣好還是解釋的方式有打動長官，竟然核准了！回到產房告訴大家這個好消息，大家都開心到不敢相信！

這天剛好有一個已經生了八胎的產婦，剛生產完，本來愁眉苦臉的要離院。一知道現在產房可以執行結紮手術，馬上舉手報名。解釋完整個手術流程後，她開心地從床上跳起來擁抱親吻我，對醫師來說，只是一個小小的手術，但是對這個貧窮的婦女來說，每次先生求歡的時候不用擔心懷孕，月經遲到不用疑神疑鬼，不用再挺著肚子，擔心這個孩子生出來如何把他養大，解除她非自願懷孕的夢魘，一個小手術卻能改變一個女性的一生！

戰場邊的心理師

C是負責 Mental Health 的專業心理諮詢師，業務非常的繁重，包括受性侵或家暴婦女諮商，死亡病兒父母的心理支持，戰火中受創民眾的創傷安撫，還有醫院工作人員和外派人員因過勞、壓力、恐懼所造成的心理危機的諮商，項目多且雜，工作忙碌。

醫師只能將殘破的軀體修復，受傷的心靈需要更多的撫慰。C是個走到哪兒都笑口常開的甜姐兒，說著帶有濃濃義大利口音的英文，她和她所訓練的伊拉克的心理諮商師們，每天忙碌地穿梭在醫院中，撫慰著心靈受創的病患和她們的家人。

她們工作的範圍，包括了兒科急重症病房，許許多多有著嚴重先天性異常或因疾病或早產身體孱弱的孩子，他們的父母千里迢迢地把孩子送到納布盧斯醫院，看著孩子經歷許許多多痛苦的治療，有些最後仍然被阿拉召喚死亡，這種椎心的喪子之痛，無藥可醫，只有心理師的諮詢可以稍稍緩解家屬的痛苦。

有的時候心理師陪伴家屬和病兒走過漫長的治療之路，臨終的時候，家屬嚎啕大哭，心理師也在一旁陪著掉淚，讓人鼻酸。

但是心理師除了傾聽人們悲慘的遭遇外，也有開心的工作。今天早上C問我，要不要參觀她們為早產兒和母親設立的嬰兒按摩課程？科學研究發現，增加早產兒皮膚的撫觸刺激，可以提升早產兒的抵抗力，增加吸吮反射，讓早產兒能吃得好，體重增加得快。因此新設計了這個課程，希望婦產科醫師也可以協助推廣。

下午忙完產房的工作，依約來到小兒科病房，病房地上鋪著厚厚的地毯，暖氣也開得特別強，兒科病房的媽媽們帶著只穿尿布的小貝比坐在地上圍成一圈，在C的示範下，用嬰兒油抹在寶寶的身上，慢慢按摩小肚肚、四肢、圓圓的頭顱。小朋友好像也很喜歡和媽媽有這樣的互動，發出咿咿呀呀的聲音，享受著親密的肢體接觸。

偶而有寶寶肚子餓不耐煩，媽媽就撩起長袍，將寶寶貼近胸膛，一面搖著一面哺乳。伊拉克媽咪輕聲聊天，嬰兒呀呀呢喃，配上C好像歌唱旋律般的義式英文，讓我忘了醫院外面烽火連天，緊張危險，今天的兒科病房，彷彿媽咪的平行時空，寧靜祥和，溫暖如天堂。

盼望演習不成真

在來伊拉克服務的簡報中，就曾介紹納布盧斯醫院本為創傷醫院，如果有戰爭或恐怖攻擊發生，大量傷患出現，產房人員也是要幫忙救援受傷的民眾。為了因應突發緊急狀況，醫院會在無預警告知的狀況下發布警報，要大家演練。而且在演習時，希望外派人員擔任觀察員的角色，不要參與。因為一旦戰爭衝突發生，MSF為了避免捲入爭端，或外國工作人員被挾持作為人質，成為談判籌碼或國際事件，會先撤離外派人員到安全處暫避風頭（Hibernation），用電話或其他通訊設備遙控本國醫護人員救護傷患（Shadow Hospital），所以要訓練本國員工自立自強，獨立作業。

今天一早醫療主管神秘兮兮地跑到產房，把外派人員叫到一旁，小聲告訴我們：半小時後，即將有大量傷患演習開始。

過了一陣子警報聲大作，產房只留下必須的人員，其他全部到急診室前的空地幫忙，看到有人扮做傷患，陸陸續續被輪椅推進來，先登記後檢傷分類為黑、紅、黃、綠四類：黑色是已經停止呼吸，或傷重無力可回天的病患，僅給予消極治療或不治療。可走動無大礙的患者為綠色，可以等數小時後有空再處理。紅色為情況危急須緊急救治搶命的病患。其他為黃色。檢傷站的醫護人員評估後，在傷患身上貼著四種顏色的圓形貼紙，再分別送到各區域進行治療。

有一個平常關閉的庫房也敞開大門，原來裡面囤積有大量醫療物資供應特殊狀況使用。醫院所有的人員都認真執行任務，演習歷時一小時結束，雖然有點混亂，但已經有大致的運作流程。

聽說今年狀況還好，去年演習的時候，有兩、三個員工，因為聯想起以前ＩＳＩＳ戰爭的慘痛回憶，有的當場昏倒，有的恐慌症發作，換氣過度。

記得我和產房助產士閒來聊天，問起ＩＳＩＳ戰爭時的情況，她們有的告訴我和家人躲在地下室，聽著頭上密集的爆炸槍砲聲，明明冰箱就在一樓幾公尺外，也不敢探頭取食充飢，只能喝破掉水管漏出來的水解渴，整整五天五夜。有的告訴我和朋友走在路上，突然槍砲聲大作，拔足狂奔逃命，回頭發現剛剛才一起說笑的朋友，已經倒在血泊之中。

在回憶的過程中，她們的眼底有著深不可測的恐懼，全身僵硬，彷彿死亡的陰影又籠罩下來，讓人無法呼吸動彈。當我不死心的追問戰爭細節，有些人會顧左右而言他，不願再提起傷心的往事。有的說到一半，一邊搖頭揮手，一邊哽咽著再也接不下去。

戰爭的恐怖，對身心的戕害，親身經歷的人們最是刻骨銘心。希望演習只是演習，摩蘇爾永遠不要再經歷戰爭的洗禮了。

第九章

挫折、學習與成就

產科成了唯一希望

MACCO（MSF Advanced Course in Comprehensive Obstetrics）是一年一度MSF為了在各地服務的婦產科醫師舉辦的特殊訓練課程，總共只有十二個名額。二〇一九年是在德國的杜賽道夫（Dusseldorf）舉行。我在伊拉克的任務中間申請參加了這個難得的訓練課程。

同學來自荷蘭、義大利、墨西哥、澳洲、英國、美國、葉門、奈及利亞、加拿大，各自在MSF不同的產科醫院中工作，光是互相交換精彩的病例和不同計畫中的趣聞，就足以聊上好半天了。

在為期四天的課程中，學員將學習如何處理產科急症，例如產後大出血，子宮破裂，或有因為其他疾病（例如因戰爭有外傷，因感染有敗血症、休克、心肺停止等等）狀況危急的孕婦，或是因為剖腹產或其他手術，誤傷輸尿管、腸子、血管等合併症。在很多MSF計畫中，產科醫師可能是方圓五百里之內唯一的醫師，沒辦法像在臺灣大醫院，隨時可以照會其他專科醫師幫忙，不管病人有什麼狀況，都得要自己處理，產科醫師是病患和腹中胎兒生存下去的唯一希望！

除了理論課程教學以外，還有實務操作。實務操作又包括在人體模型上練習的模擬教學（Dry Lab），和精采讓人期待的新鮮大體（Fresh cadaver）實作教學。尤其大體使用的是去世不久，冷凍後解凍的新鮮人體，和以前醫學生時代，用福馬林泡了一整年，軀體僵硬，肌膚呈現灰褐色的防腐大體相比，質感更為接近鮮活的身體。新鮮大體的取得相當不容易，對醫師來說，這是千載難逢的學習機會。

幸運的是，這次我終於在大體上練習到傳說中的「恥骨聯合切開術」（Symphysiotomy），這個手術一般用在肩難產的病患，也就是胎頭生出來，肩膀卡在恥骨，寶寶不上不下的緊急情況，此時切開恥骨聯合才能加大骨盆出口讓胎兒娩出。

這個手術在產科教科書上都有寫，不僅我自己卻從未做過，也沒有看別人做過。這次難得的機會在大體上終於練習到，也才體驗到軟骨切開的手感，和切到哪裡才剛剛好夠，卻又不會傷到尿道的技巧。雖然以後不一定會碰到這麼困難的病例，但如果真的碰到，這次的學習讓我有信心獨立完成這個手術。

在MACCO婦產科醫師訓練的課程中，MSF外科醫師訓練也同時舉行。婦產科醫師約有十二位，而外科約三十位。在大體解剖時，婦產科有三具，外科大概有八具。外科練習植皮，各種皮瓣，和許許多多的創傷急症手術。最後一天的課程是婦產科和外科醫師的聯合病例討論會。

在MSF的許多計畫中，由於沒有足夠的婦產科醫師，外科醫師也會兼做剖腹生產的手術，偶爾會碰到一些棘手的病例。例如：

1. 產婦的前面兩胎剖腹產，第三胎剖腹手術的時候，醫師怎麼也找不到正常的腹腔和腹膜，只看到一團團花花出血爛爛的組織。醫師只好將剖腹傷口向上延伸，才發現原來子宮下段剖腹產的傷口，已經被植入性胎盤組織吃穿了。醫師打開子宮將胎兒娩出後，再切除子宮被胎盤侵蝕的部分，挽救產婦遠離血崩的危險。

2. 在當地別的醫院接受剖腹產，產生傷口感染。送到MSF醫院的時候，從肚臍到腹股溝間整個皮膚、皮下組織、筋膜，甚至到子宮都爛掉流膿！病人已呈現休克狀態。最後需要大量抗生素，切除子宮，人工筋膜加植皮才挽救病患的生命。

3. 病患流產後，出現發燒、腹痛和休克的狀況。開刀後發現子宮穿孔，小腸上也破了一個洞。原來當地貧窮落後，醫療缺乏。女性懷孕後常自行流產，這個病人就是企圖用樹枝插入陰道流產，把子宮和腸子捅破的案例！

4. 當地女性生產五天後仍然生不下來，才被送到醫院（許多落後地區的婦女，因為戰爭無法就醫，或住在十分偏遠的村落，沒有交通工具，到醫院可能要數日之久）。到院時胎兒已經死亡，剖腹產一打開肚子，赫然發現本該在膀胱內的黃色導尿管水球，竟然在腹腔內！原來胎頭長時間壓迫子宮和膀胱，組織壞死，膀胱和子宮爛破一個洞，所以剖腹產前插的尿管才會跑到腹腔來了！醫師只好切除膀胱和子宮壞死的部分，把輸尿管重新接回膀胱，化解危機。

四天課程中的每堂課程都非常紮實艱深，很難在短短四天的課程中學得透澈。但我衷心希望每多學一樣東西，可能就意味著在遙遠的落後地區，有機會救回一條性命，改變一個家庭的命運。

領到結業證書後，MACCO的訓練也接近尾聲，和同學們依依不捨的道別。希望有一天在世界各地，能夠和這些MSF的熱血醫師再次相逢！

幫助寶寶呼吸

MSF為了維護各地醫院的醫療品質，會派遣不同的巡察人員到各處巡查，並且給予在職教育。這天是一位法國的小兒科醫師和一位喀麥隆的男護士一起來為助產士上課，題目是「幫助寶寶呼吸」。

在臺灣接生，如果預期可能有胎兒窘迫狀況出現，例如早產，待產時有胎心減速，就會預先請小兒科醫生到產房待命，寶寶一出生就有專家照顧，產科醫生不用擔心。但在MSF的計畫中，接生的時候常有突發狀況而且人手不足，未必有小兒科醫生幫忙，所以助產士和產科醫生除了照顧產婦外，也要擔起新生兒急救的重責大任。

寶寶剛生下來的時候受到外界冷空氣的刺激，會開始哭泣，並且吸入空氣讓肺部擴張。但是有些寶寶在生產過程中缺氧太久，或本身心肺和腦部就有問題，所以出生後不哭不呼吸，此時重要的是以氧氣面罩（Oxygen mask）將氣體送入肺部，如果還是沒有呼吸，此時還要加上體外心臟按摩，幫助循環。

剛出生的一分鐘之內是寶寶生存與否的關鍵，如果能夠把握時間幫助寶寶開始呼吸，可以減少許多日後因為缺氧所造成的後遺症。

在這次的課程中，獲益良多，吸收到許多最新的知識。例如：如果寶寶能夠自行呼吸，就算羊水中有胎便也不用特別用吸管吸除新生兒呼吸道中的黏液，因為太過深入的抽吸，反而會延後寶寶的呼吸。除非是寶寶完全不呼吸，在以面罩ambu擠空氣入肺部前才要吸。另外面罩擠空氣的時候，不見得需要接上氧氣，一般空氣就可以了。因為寶寶剛出生的時候，血液中氧氣濃度只有百分之六十！（一般成人血氧濃度為百分之九十五或以上）所以只要有空氣進入肺部就能幫助到寶寶。最重要的是：在寶寶出生後的一分鐘之內一定要把空氣送入寶寶體內！

這讓我想起以前做住院醫師的時候，被派到屏東恆春醫院支援，一個六十歲的資深護士曾說起一個故事：她二十歲從護校剛畢業的時候到一個婦產科診所工作，半夜一個產婦第一胎難產，寶寶卡了很久才生下來，出生後不哭軟趴趴全身青紫，大家都以為是死產，把寶寶放在地上裝胎盤的塑膠臉盆內等著丟棄（六、七十年前醫藥不發達又生得多，死產是司空見慣的事）產科醫師忙了半天很勞累又是死產，心情不佳，走的時候還用腳踢了一下臉盆說：「這個無效（沒救）啦！」

這個護士等醫師走後，看到媽媽在哭，心裡很難過。想說前不久才在學校學過嘴對嘴人工呼吸，死馬當活馬醫，拿來試驗看看，所以把寶寶臉用紗布擦乾淨，吹氣試試看，沒想到吹了幾次後，寶寶竟奇蹟似地哭了起來，撿回一命。後來長到二十歲，還被媽媽特別帶來醫院謝謝這個救命恩人！所以幫助寶寶呼吸很重要！

最後助產士們分組用充氣橡皮寶寶進行急救訓練，大家都熱烈參與，身為第一線的助產人員，希望所有的寶寶出生都能順利呼吸，平安長大。

糟糕，產婦黑掉了！

離開伊拉克前兩週的某天晚上，接到值班醫師緊急來電，有一個剖腹產的病患，手術中寶寶產出後突然發生痙攣，無法呼吸，全身缺氧發黑，麻醉科醫師緊急插管後雖然狀況穩定，但手術結束後一直無法清醒自行呼吸，因為本院沒有呼吸器，所以需要我同意轉院。初步推測原因有可能是羊水栓塞，造成肺部和腦部缺氧所致。晚上我一直擔心這個病人，睡得不安穩。還好一早接獲報告，病人在他院加護病房已經清醒，恢復良好。真是阿拉保佑！

不幸的是幾天後，又有一位預約剖腹產的病患上好脊椎麻醉後，突然又出現呼吸困難、痙攣、心跳停止的現象。還好在麻醉科醫師緊急插管急救後病患狀況穩定，緊急開刀進去後寶寶也平安出生。

由於上個星期才出現過類似的病患，一週內出現兩個剖腹產中心跳停止的病患，實在不能拿罕見的產科麻醉合併症，例如羊水栓塞（發生機率約十萬分之八）

來解釋，召集婦產科及麻醉科醫師討論，希望能集思廣益，找出原因。

討論的結果，兩次剖腹產分別由不同的麻醉醫師執行，所以應該不是個人疏失或經驗不足的問題。一個產婦是下刀前，一個是下刀後，所以也應該和產科醫師沒關。唯一想到的，可能是脊椎麻醉藥品出了問題。

脊椎麻醉俗稱半身麻醉，是將麻醉藥打到脊髓腔內，將下半身的神經傳導阻斷，達到止痛的效果。所以病患手術過程中上半身沒有被麻醉，神智是清醒的，也可以自行呼吸不用插管。剖腹生產時多用脊椎麻醉，避免麻醉藥進入新生兒體內，造成抑制寶寶呼吸的副作用。

但脊髓液會流動，所以麻藥過量，麻藥的比重不對，或病患持續採頭低腳高的姿勢，麻藥就有可能沿著脊髓腔向胸部甚至腦部流動擴散，麻藥除了麻醉下半身，也會癱瘓上半身的呼吸肌肉，造成病人無法呼吸，缺氧，甚至失去意識，死亡等危險的狀況。

趕忙連夜敲打鍵盤，向上級送出病人安全危害的緊急報告，籲請MSF醫療部門更換此批次的脊髓麻醉藥品。如果此批次的藥品有送到其他計畫中的其他醫院，也一併召回更換，以免其他病人暴露在麻醉藥物不良的危險中。

正著手進行更換藥物的申請手續當中，又有兩個病患在剖腹產的過程中產生低血壓與心搏過慢的驚險情形。這兩個病患用的也是原來一批尚未更換的麻醉藥。所以我們更賣力地聯絡上級，希望新一批的藥物趕快送來。不然麻醉醫師和婦產科醫師都提心吊膽，沒法安心執行手術。

在我離開伊拉克以前，終於在緊迫盯人的公文往返後得來好消息：新的脊椎麻醉藥到貨了！用新的一批麻藥做了三台剖腹產手術，再也沒有病患出現不良反應！而且MSF也全面召回那一批有問題的藥物，避免有其他病患受到影響。我終於可以放心回臺灣了！

在伊拉克有著許許多多的回憶，有著挫折，也有些小小的成就。這裡的美好旅程記憶，將伴隨著我一輩子。

專欄

GIS：新科技對人道救援工作的影響

這天醫院來了一位日內瓦總部「地理資訊系統」（Geographic Information System，簡稱GIS）部門的人員，GIS在MSF是相當新的部門，負責的業務是因應MSF各個計畫的需求來繪製地圖，很多人都不明白GIS是做什麼的，所以他趁這兩天訪問的空檔，為外派人員上課，介紹GIS的工作內容。

GIS是利用各種資訊，例如衛星圖片、統計資訊、疫情資料等等，為人道救援工作需要繪製專用地圖，讓工作能順利推展。舉例來說，MSF工作的地方，很多是戰亂、落後、交通不便的所在。Google Map街景車到不了（記得連小黃人也不敢去嗎？），也沒有地圖可參考。所以

GIS會派出人員，從單純步行訪談當地村民，到騎著摩托車，甚或利用無人機，蒐集當地地理資料繪製地圖，供MSF研擬計畫，推展救援工作。

GIS進一步可以應用在疫情控制上，伊波拉爆發的時候，利用衛星地圖，結合標示醫院和附近鄉鎮病患的數量，依據病患來的鄉鎮，監控病患的流向和預測疫情的擴散模式。醫護人員就可以搶在病毒前面，到還沒有患者的村落做衛教與消毒，防堵疫情擴散。

如果在非洲內陸國家爆發霍亂，要讓當地人民接受疫苗注射，但是手中沒有任何人口的統計資料，要準備多少疫苗才夠？GIS人員會根據空照圖，標示村落中茅屋屋頂，算出房屋的數量，再乘以每戶平均人口，粗略估計出需要施打的數量。

GIS結合地理與公衛資訊所畫出來的圖形，可以清楚顯示救援計畫中已經完成的部分和推估未來的需求，對人道工作推展有強大的幫助。

MSF人員如果在工作上需要繪製特殊地圖幫忙，獲得上級批准後，也可以上網向GIS人員申請地圖的繪製。

上完課後，雖然對很多專屬名詞和技術仍一知半解，但是科技日新月異，也看到人道救援工作在現代科技的支援下，能夠將救援人力與物資放在最需要的地方，幫助更多的人。和古早印象中史懷哲一人揹著藥箱，帶著幾個當地夥伴，攤開地圖紙在非洲村落行醫，有著大大的不同。

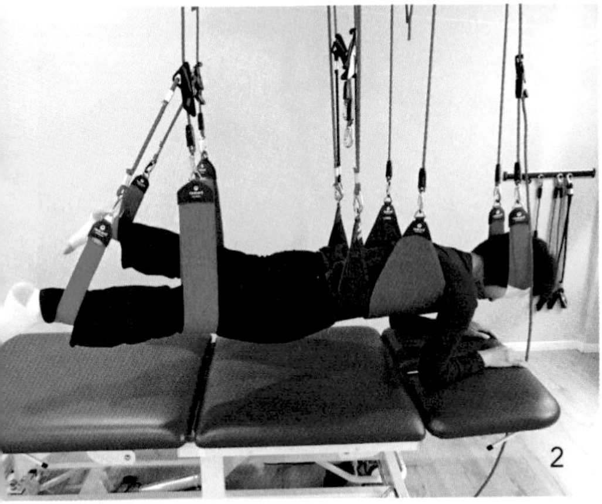

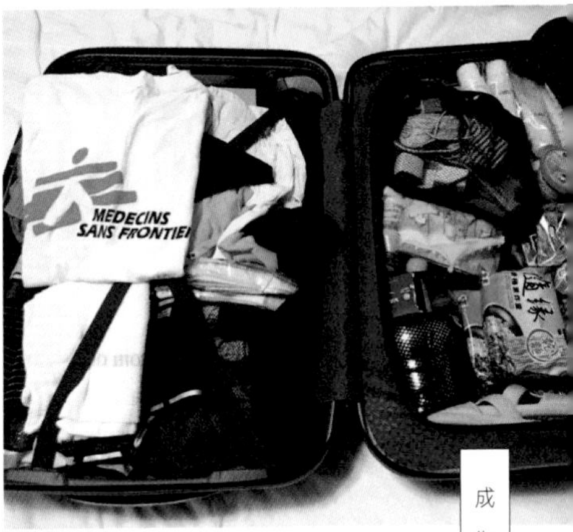

1. 門診午休空檔瞥見的網路消息，再度燃起成為無國界醫生的夢想，這次終於實現。 2. 最新的 Redcord 紅繩運動，進行核心肌群的密集鍛鍊。讓我的椎間盤突出沒在阿富汗急性發作。3. 二十公斤的行李，要應付三個月的生活。

穿著布卡的我在鏡子前自拍。也拍了一張從布卡看出去的視野。親身體驗從當地婦女的視角看外面是什麼樣子。

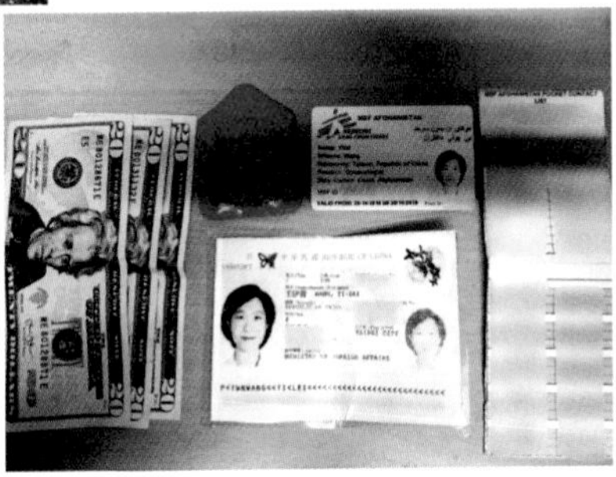

個人配備

紫色產房工作服

沾到羊水胎便可丟給醫院洗衣房洗。當地民風極為保守，不論男女上衣都要到臀部以下，不可露出臀部的曲線，所以一般醫院的刷手衣，上衣只有到腰間，是不能穿著在開刀房以外的地方走動的。

秒穿頭巾

萊卡質料，方便穿脫，就算是大半夜收到產房的呼叫，也可以一秒戴好頭巾，立馬衝到產房。

綠色開刀房口罩

防止院內感染。

黑色羽絨外套

半夜出來接生，溫度應在零度上下，但到了產房又有暖氣，外衣要方便穿脫。

登山鞋

輕便好走，緊急時跑向產房的路上，總有著各種讓人滑一跤的液體，例如：雪水＋血水＋羊水，Gore-Tex 防水防滑的特性，沒想到在阿富汗發揮強大的功能。

肩背無線電通訊

規定隨身攜帶以免緊急狀態發生，即使洗澡睡覺也不例外，因為這裡的手機訊號很差，就算雙卡也時有時無。緊急狀態包括：院內受到恐怖攻擊，須馬上躲到安全屋中；或是附近有戰爭發生，需要迅速撤離，等聯合國專機前來接我們離開等等，還好在我服務的期間沒有發生。

小藍包包

裡面是規定要隨身攜帶的物件，包括：緊急通訊錄、MSF卡、護照和簽證影本、少量美金、女兒為我去廟裡求來的平安符（很靈驗喔）。

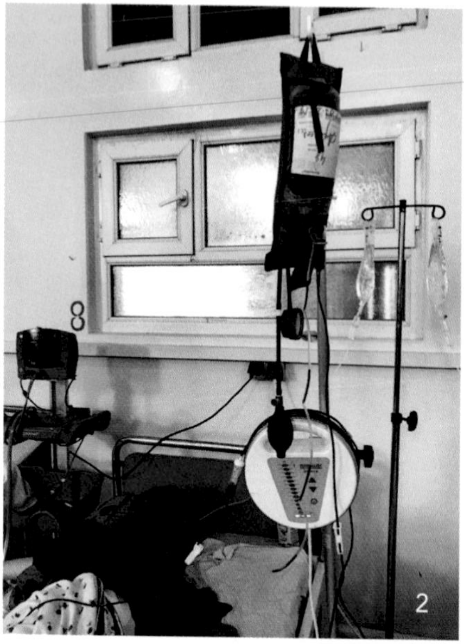
2

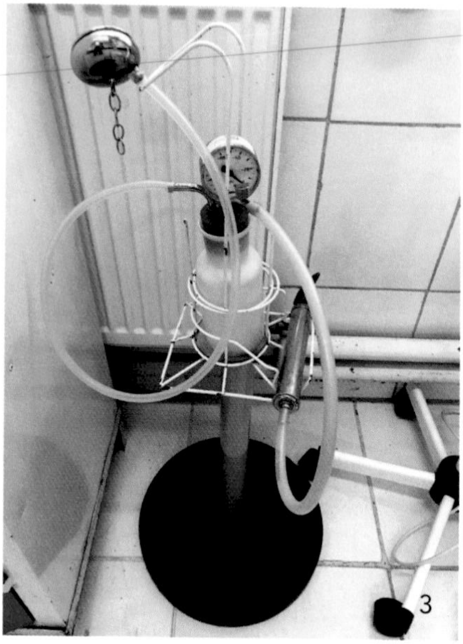
3

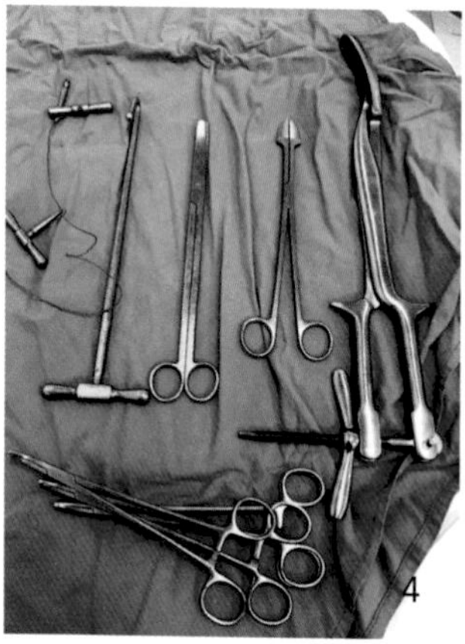
4

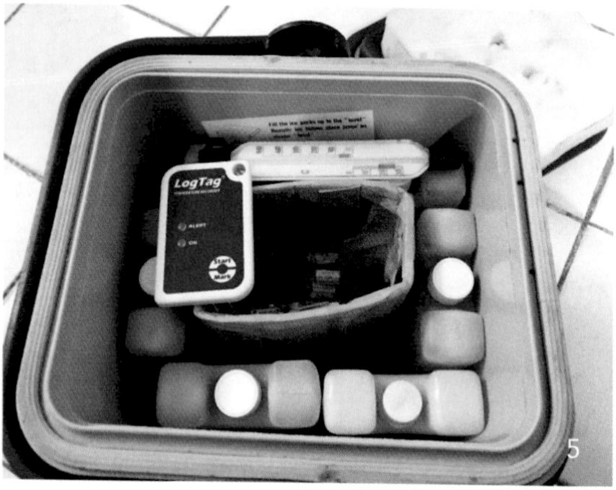

5

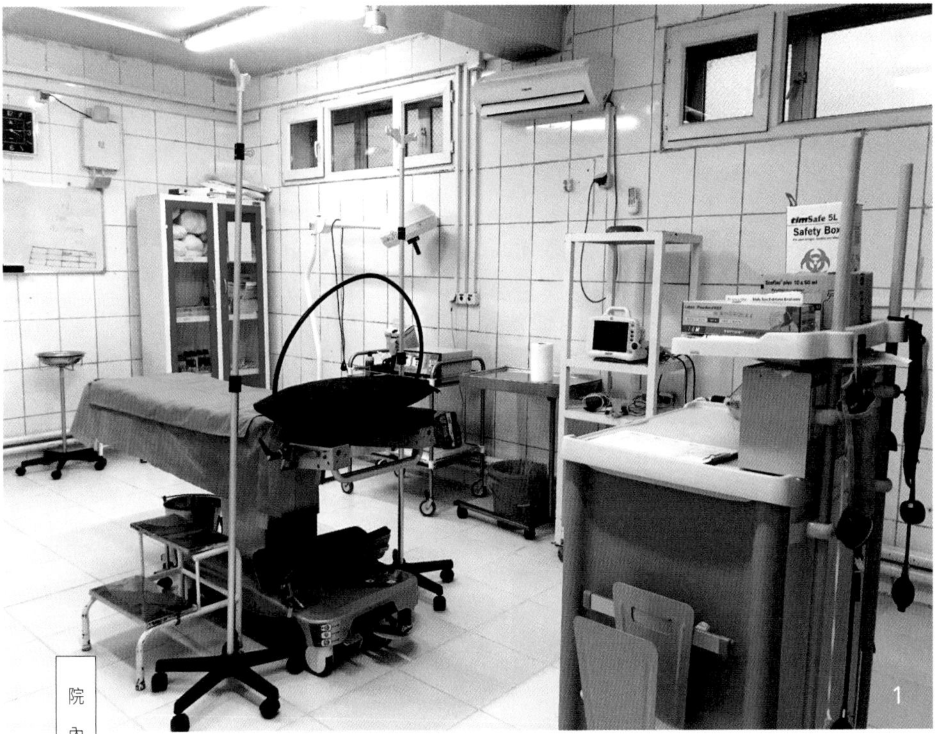

1. 救了許許多多產婦性命的手術室。 2. 血液加溫器可溫暖血液，幫助產後失血的媽媽快點恢復。 3. 手動真空吸引器是協助生產的利器。 4. 破壞性生產的器械。 5. 阿富汗病房中沒有冰箱，需冷藏的藥品放在冰桶中保存。

2

3

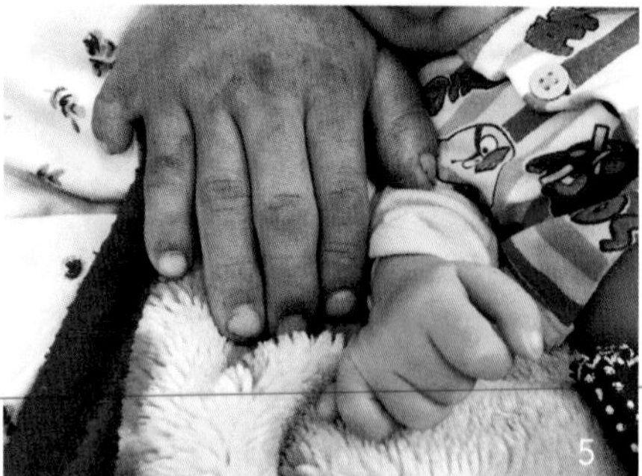
5

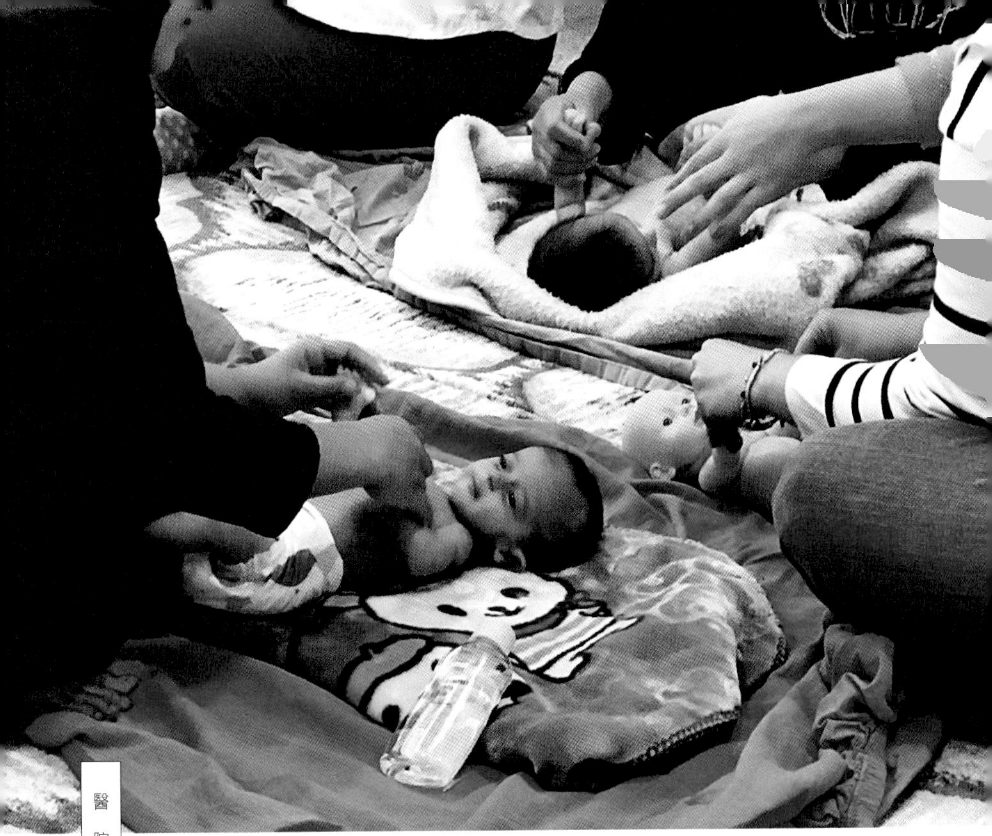

1. 參觀為早產兒和母親設立的嬰兒按摩課程，因為研究發現，增加早產兒皮膚的撫觸刺激，可以提升早產兒的抵抗力，增加吸吮反射，讓早產兒能吃得好，體重增加得快。 2. 阿富汗醫院牆上的壁畫，教導陪伴產婦的家屬（通常是婆婆或媽媽），如何從後方按摩下背或腹部以減輕產痛。 3. 練習新生兒急救的模型，幫助寶寶呼吸。 4. 產科病房中，阿富汗婦女會用布包裹嬰兒，再用束帶把寶寶一圈一圈纏起來，好像火腿一樣，外面再蓋被子。另外也有家屬在病床的底下兩個床腳間繫上一個小吊床把嬰兒放在裡面，吊床上牽一條繩子，如果寶寶哭了，就可以拉一拉繩子哄寶寶睡覺。與眾不同的育兒方式十分的有趣。（作者任務中畫在筆記本的示意圖） 5. 有六根手指的寶寶和媽咪。胼胝指是一種顯性遺傳，詢問了產婦，果然她有六隻手指頭。但她為了隱藏與眾不同的手腳，平日都用衣物遮蔽，連丈夫和婆婆都不知道，真是辛苦她了！

1. 母親子宮破裂，從鬼門關搶救回來的寶寶。 2. 天使一般的大眼睛寶寶。當地人認為為寶寶加黑的眼線和眉毛可保護寶寶平安長大。 3. 戴面紗防蒼蠅的寶寶。 4. 雙胞胎歷險記終於在團隊合作下圓滿落幕。 5. 誰能想到這麼可愛的女孩，曾是躺在醫院角落哭泣的棄嬰呢？ 6. 難產後出生沒有呼吸的寶寶，急救後第二天在保溫箱中充滿生氣的大哭，讓人不得不讚嘆生命的強韌！（胸部的紅印是心臟按摩留下的痕跡）

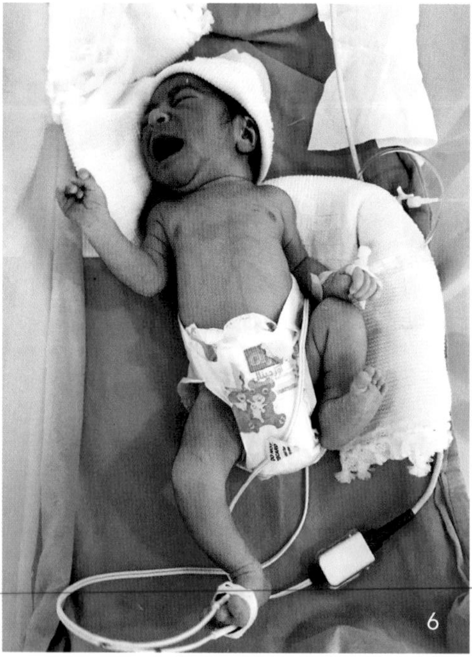

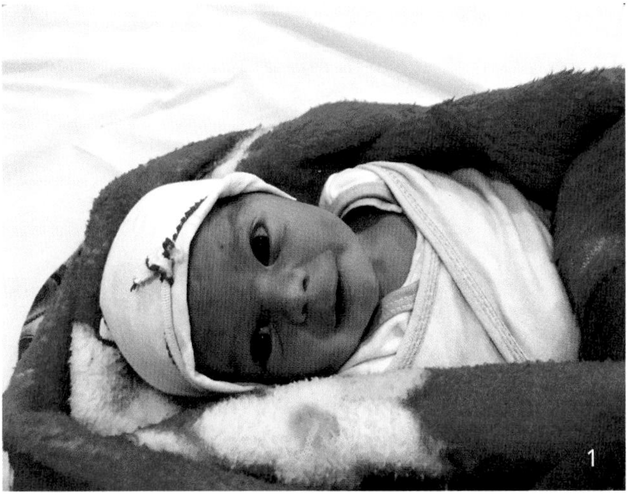
1

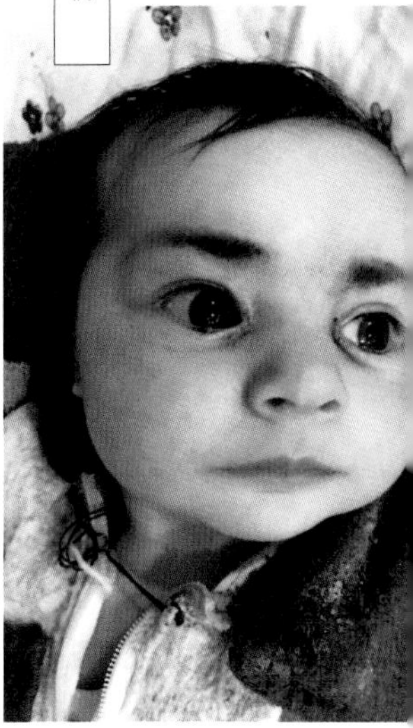

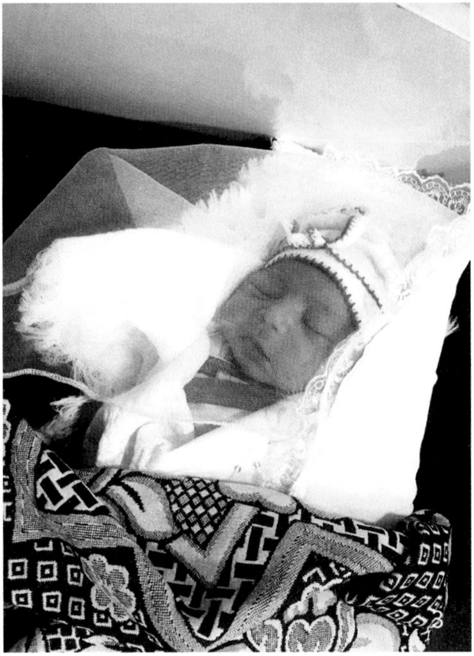

3

S
P

6

1. 伊拉克摩蘇爾被砲火摧毀的房屋，焦黑的牆壁可想像當時戰爭的慘烈。　2. 你能想像在這樣的房子裡，還有難民擠在裡面過日子嗎？　3. 貨櫃屋組成的行動急診室。　4. 阿富汗溫差變化極大，冬、春季節經常雨雪交加。半夜冒著大雪去接生，好冷！　5. 在回教國家，男女之間有一條看不見的防線區隔著。在當地工作，也要尊重當地文化。　6. 阿富汗暖爐。

3

4

5

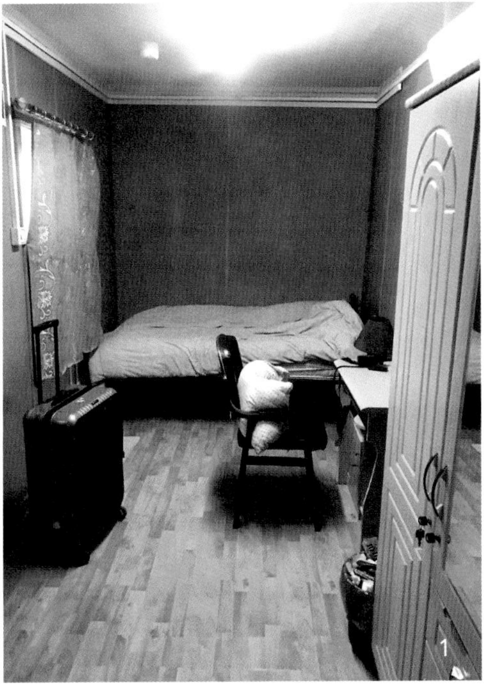

1. 貨櫃屋組建而成的宿舍房間。 2. 廚房。 3. 健身房。 4. 好不容易修好的馬桶，結果是這個樣子。詳情請參見〈馬桶怪獸〉。 5. 阿富汗客廳，大家席地而坐交誼開會。

4. 伊拉克烤魚，從底格里斯河中捕撈的大隻淡水魚，對剖但背部相連，夾在鐵網中，插在猛烈的爐火旁烘烤。 5. 饢餅可以當容器盛裝烤肉食材一起食用，吸取盤底湯汁，最後還能取代抹布清潔桌面！ 6. 伊拉克茶壺，下面煮開水，蒸氣替上面的茶保溫，下面開水可用來稀釋上面的紅茶或泡其他茶葉。聰明的設計。

1. 伊拉克同事分享的當地甜點。
2. 手作香蕉杯子蛋糕。烘焙是釋放壓力的出口，也是贏得友誼的捷徑。
3. 伊拉克手路菜 Pacha，用米塞入洗淨的羊腸中，和大量羊腿肉、鷹嘴豆、香料燉煮好幾個小時後成為的美食，吃起來米飯吸飽了羊腸和高湯的精華，美味極了！

舍貓 LUCY

1. 舍貓 Lucy 非常親人，為外派人員帶來許多心靈的慰藉。
2. 寂寞沮喪的時候，Lucy 主動跳上膝頭帶來溫暖。

3

PART

外派生活點點滴滴

第十章

吃這件大事

燃燒的烘焙魂

抒發壓力的方法人人不同，在臺灣，和兩個女兒一起烘焙做料理，是母女間交流的親密時光，也是繁忙工作的喘息良方。到了阿富汗，資源不足，病患又多又危急，稍有不慎，死神就會偷走媽媽和嬰兒的性命，臨床工作的壓力需要找到出口宣洩。烘焙的嗜好不但讓我舒緩了緊繃的心情，也讓我贏得了不少的友誼。

一開始沒有把握，看到廚房裡有麵粉、雞蛋和牛奶，先試著用平底鍋煎了一些可麗餅，給舍友們當下午茶點心，大家很捧場都吃光光，很明顯非法國人的舍友偏好用榛果醬 Nutella 擦著吃，而法國人則認為可麗餅應該灑砂糖，或擠一點點檸檬配著吃才是正統的 Crêpe au sucre，對其他人愛不釋「口」的榛果醬嗤之以鼻。從小小一個可麗餅也可以看到各國飲食文化的不同。

有信心以後，看到餐廳裡有一些爛掉一半的蘋果沒人吃，就把好的部分切丁熬煮成焦糖蘋果，和麵粉奶油糖雞蛋混和，烘烤成焦糖蘋果磅蛋糕，冷卻後切片，放在餐廳桌上。走回房間拿筆寫紙條，準備放在蛋糕旁，請大家自由取用。回到餐廳，卻只看到空空如也的烤模和殘渣，蛋糕早就被搶光了！

當地物資缺乏，沒有蛋糕模具。發揮創意用鋁箔紙放在馬克杯裡摺疊壓擠成杯狀烤模，搗爛熟透的香蕉，混和麵粉牛奶雞蛋發粉，撒上中東地區特產香脆的開心果，烤出香蕉杯子蛋糕。蹲下身透過烤箱門上的玻璃，看到蛋糕越發越大，表面出現金黃的焦痕，頂部裂開，噴發誘人的香氣，心裡真是說不出的滿足。猛一起身，卻不小心撞到在站在身後的麻醉科醫師，嚇了一跳。原本以為有緊急剖腹產，詢問之下，才發現他只是怕剛出爐的蛋糕被別人捷足先登，提前卡位而已！

伊斯蘭國家以牛羊為肉類來源，乳製品也很充足。但可能當地交通不便，物流配送緩慢，所以沒有鮮奶。牛奶多以鋁箔包裝的保久乳販售。優格和 Cream Cheese 品質良好，和雞蛋糖混和，倒入用消化餅乾壓碎混合奶油做底的圓形蛋糕模中烘烤，就是好吃的優格起司蛋糕。做蛋糕簡單，如何平分切成均勻漂亮的三角形，又要維持形狀不碎裂，才是製作起司蛋糕的大考驗！

有了蛋糕的成功經驗，接著挑戰難度較高的甜白麵包捲。這裡的麵粉是廚師用來做阿富汗大餅或一般麵食的中筋麵粉（all purpose flour），沒有高筋麵粉。我自己和麵粉並用酵母發麵。阿富汗冬天非常冷，氣溫只有攝氏五到七度，為了使酵母菌溫暖發酵，把麵糰放在臉盆中蓋上濕布，鬼鬼祟祟地偷渡到溫暖的產科病房，放在暖氣旁邊發麵。繞出去查房一圈回來，掀開濕布一看，麵糰發得白白胖胖，發出甜甜的香味，和小貝比一樣可愛。再偷運回宿舍分割，搓捲成型，烘烤成小麵包捲，阿富汗這裡只有當地的饢餅，並沒有西式的麵包吐司。小白麵包捲勾起了歐洲舍友們的鄉愁，一面吃，一面激烈爭論哪一國哪一種麵包最好吃。同樣的麵糰搓成長條扭轉成麻花，油炸後撒上白糖和肉桂粉，就變成油炸麻花捲，一樣大受歡迎。

快要離開阿富汗一個禮拜前的週末，有人從外面訂了烤雞回宿舍，乾澀的雞胸肉部分沒有人吃。把雞胸肉切碎和洋蔥蘑菇炒炒，放入派皮中，倒入雞蛋牛奶起司的混合液，放進烤箱烘烤，就變成美味的雞肉蘑菇法式鹹派。配上番茄黃瓜沙拉，邀請舍友們陪我度過阿富汗的最後的一個週末。鹹派也受到外派人員們的喜愛，被搜刮一空。辛苦做的菜餚被吃光光是婆婆媽媽最開心的事情之一，烘焙大成功！

週末烤肉大餐

阿富汗放假週末是每週四和五，每週五相當於一般國家的星期日。由於有安全的考量，「無國界醫生」的外派人員就算週末放假，也不能外出休閒逛街，只能待在宿舍裡睡晚晚，起來吃個早午餐，上健身房跑跑步，洗洗累積了一星期的髒衣服。由於產科病患常有緊急狀況發生，我週末還是要隨時 on call，利用零碎時間打開 ipad 追劇，是休假期間的快樂享受。

大家最期待的，莫過於週五中午的豐盛午餐了。有時外派人員會用公共食物基金從外面訂烤雞 Kebab 來吃。

這個週末剛好有一位從喀布爾來支援的外派人員 P，這位先生廚藝了得，烹飪是他紓壓的管道，每晚都能變出好吃的餐點。週四晚上就看到 P 開始以蜂蜜香料醃漬雞腿，週五早上開始切菜，處理馬鈴薯，中午時另一位外派人員在庭院利用切一半的汽油桶，放入木炭生火，上架鐵網烤肉和鋁箔包的馬鈴薯。為了加大火力，扛起電風扇對著木炭吹，卻把食物的香味散布到整個宿舍，引得大家更加飢腸轆轆，紛紛從窗戶探出頭來，看看開始上菜了沒？

最後成果有：牛肉漢堡、烤蜂蜜雞腿、烤馬鈴薯配大蒜美乃滋醬、高麗菜沙拉，在物資缺乏的阿富汗，這可是少見的大餐。一開動，十幾個外派人員圍坐長桌，卻沒人說話，只有刀叉齊飛，努力進攻，只怕烤雞漢堡被別人拿完，自己就吃不到了。不一會兒，桌上的佳餚全都盤底朝天！

肚皮撐飽後小睡一會兒，晚上在餐廳有電影大展，前一陣子播是《星際大戰》（Star Wars）系列，《追殺比爾》（Kill Bill）三部曲，今天播的是《007》系列，大家熱烈討論哪位男星才是心目中最好的詹姆士·龐德（James Bond）人選，我最喜歡皮爾斯·布洛斯南（Pierce Brosnan），你呢？

值班室的鄉土料理

在伊拉克服務時，產房旁有間婦產科醫師值班休息室，女醫師們在忙完查房和例行手術後，中午會聚在這裡吃午飯。有時從外面訂餐進醫院，有時則是從家裡帶美食來和同事分享，餐後喝杯加了許多砂糖、又熱又濃的紅茶，聊天紓壓。

曾碰到醫師們訂來外面的烤雞飯，邀請我一起分享。伊拉克烤雞飯是把加香料的米塞入雞肚子中，再拿去烤，雞肉外皮香脆，裡面的米則吸收雞肉的肉汁，十分美味。大家用手撕雞肉，或用調羹挖雞肚子中的飯吃。除了雞外，還附贈有大餅（饢餅，naan）、沾雞肉的醬料、當地的醃漬黃瓜等佐菜，以及優酪乳（是鹹的喔！喝起來感覺很奇妙）。

伊拉克婦產科醫師都很希望能在MSF醫院學到操作超音波的技巧。對於有興趣學習的醫師，我會手把手、一個一個教。以前醫師都靠自己慢慢摸索，所以做出來的結果都不甚精確，甚至做了很久還是搞不清楚胎兒的狀況。在系統性的示範和引導練習後，學員都能自行做出清楚的胎兒影像，有些醫師抓到訣竅後，高興地跳起來擁抱我，左右貼臉頰來表示開心和感謝！

其中一位廚藝精湛的醫師，為感謝我教會她如何判讀超音波，特別帶來伊拉克手路菜 Pacha，這道菜要從前一天晚上就開始準備，首先要清理羊腸，去除多餘脂肪，再用麵粉清洗，接著用米塞入洗淨的羊腸中，和大量羊腿肉、鷹嘴豆、香料燉煮好幾個小時後完成，吃起來米飯吸飽了羊腸和高湯的精華，美味極了！

另一位醫師則是帶來自己母親做的 Dorma，這道菜是將番茄、洋蔥、茄子、櫛瓜等蔬菜中挖空，填入絞肉米飯香料，一起熬煮的阿拉伯家常菜餚。當地曾有俗諺，「要娶一個女孩以前，一定要先嘗過她所做的 Dorma」，和我們「要抓住一個男人，要先抓住他的胃」的說法，有異曲同工之妙。

和伊拉克醫師們聊天說笑，在值班室分享美食搏感情。吃飽喝足後，剛好助產士來報，有產婦用力超過兩小時胎頭下不來，希望醫師能去看看她。大家抹抹油油的嘴角，捋起袖子，準備上工啦！

第十一章

並肩作戰的美好時光

布卡初體驗

在伊斯蘭國家，男女之間有一條看不見的防線區隔著。

記得剛到醫院第一天晨會（Morning meeting，醫療單位每天早上交接業務的會議），我一進入會議室看到昨天認識的德國小兒科醫師H，就在他旁邊的空位坐下，卻看到他尷尬地向我使眼色。這才發現會議室中界線分明，男生坐一邊，女生坐一邊。

有男同事在場，阿富汗女性員工的頭巾除了覆蓋頭髮外，還會在耳朵邊繞一圈，把臉的下半部遮起來，只露出眼睛。如果要進出窄門，男生也會站遠一些，讓女生們先進入，盡量不要和女生有任何肢體上的碰觸。

阿富汗男性員工不會主動和本國女性員工打招呼，看到我們外國人女性，打招呼時會把右手放在左胸前，非常優雅地稍稍欠身表示敬意，盡可能不與女性握手或有肢體上的接觸。

如果男性員工進醫院裡維修，要事先通知，助產士就會繞著病房大聲通知所有的人，包括女性員工、病患或家屬，紛紛用頭巾把臉遮起來，男性才可以進入工作。阿富汗女醫師的先生也不願意她和男性說話，如果有需要向男性家屬溝通的工作，都要由我們外國醫師透過翻譯來進行。

雖然男女之防戒備森嚴，但是同性之間的友情卻是相當緊密熱烈的。我的阿富汗女同事們，每天穿著覆蓋全身的藍罩袍布卡上班，但一跨進醫院大門，進入只有女性可以通行的區域後，立馬掀開罩袍，露出底下精緻的妝容，垂盪閃亮的金耳環，頭巾上鑲著許多小鏡子一般的亮片閃閃發光，衣著色彩燦爛繽紛外，還有刺繡或珠珠，有些人手上則裝飾著 Henna 的彩繪，像全世界愛美的女性一般互相比美炫耀著。見到同事，交情普通的互相伸手放在對方肩頭上，並說出問候語「Sterlay Ma Shay！」（願你永不疲累！），交情好的還互相擁抱貼臉數次（有點像法國式的問候，但感覺上抱得更緊一些）。

為了不讓外人見到阿富汗女性的面容和體態，布卡可算是相當有特色的當地女性服飾。布卡是深藍色的罩袍（也有其他顏色），頭上有一個頭箍固定住不會滑動，在眼睛的部位有紗網可以讓女生看到外面，但別人卻看不到女生的眼睛。前面有一塊比較短的部位，可以讓女生伸手取物。在阿富汗女孩子長到初經來潮，出門就要穿布卡，不可以讓家人以外的男性看到自己的面容。

在和本國員工閒聊的時候，我無意間說出我想要買一件布卡回去做紀念，剛好其中有一個人家裡開衣飾店就幫我帶了一件，約美金十元。

穿上布卡以後，透過視訊展示給我在臺灣看家的隊友看，深情喊話：「老公！我的面容就只屬於你一個人的，魚尾紋和大眼袋也是囉！」

舍貓 Lucy 生病了

在許多外派人員的宿舍基地中，如果獲得大家的同意，可以飼養寵物。有時是狗、有時是貓咪，給寂寞的外派人員帶來許多慰藉。阿富汗宿舍中養了一隻貓咪 Lucy，非常會撒嬌，會自動跳上外派人員的膝頭討摸。

動物十分有靈性，似乎能感知到人類的情緒。有好幾次我救不回病人，傷心沮喪的時候，Lucy 主動靠過來安慰我，撫摸著她的毛皮，心頭也溫暖起來。廚子也非常喜愛 Lucy，常常會留下廚房的好料偷偷餵她。外派人員上班，客廳沒人的時候，Lucy 會大搖大擺地坐在客廳的軟墊上，吹暖氣睡覺。我們都暱稱 Lucy 是全阿富汗最受驕寵的貓咪！

但 Lucy 畢竟來自當地的街頭，野性難馴，衛生堪慮，尤其貓咪無法關在宿舍內，它會跳上屋頂跑到外面去，可能會吃到寄生蟲而生病，Lucy 便是這樣。

有一陣子 Lucy 越來越瘦，撫摸她的時候可以摸到皮包骨，越來越沒精神，懷疑是受到感染。大家會在每兩週的宿舍會議上特別提案討論如何幫貓咪治療。

首先是用量行李重量的手提秤量出 Lucy 的體重，新生兒科的 H 醫師，根據貓咪體重換算成等重的新生兒，調配出適合貓咪的藥物劑量，再來由工作包山包海的後勤暖男 P 負責餵藥，一天兩次。在餵藥的過程中，P 還被 Lucy 抓傷掛彩，真是吃力不討好。

希望 Lucy 在大家的悉心治療照顧下，能夠早日恢復健康，繼續成為全阿富汗最受驕寵的貓咪！也希望春天來到時，Lucy 不要意外懷孕，否則身為婦產科醫師的我，是不是要負責產檢接生加坐月子呢？

馬桶怪獸

伊拉克納布盧斯醫院在剛開始的時候，是因應ＩＳＩＳ戰爭為了緊急救護創傷病患所建置的創傷醫院，醫院辦公室以及會議室是用貨櫃組合屋的形式緊急搭建的，廁所也十分的簡陋，四面牆是薄薄的鐵皮，門是搖晃的鋁門，門鎖無法緊密接合，上廁所的時候要用手拉住，不然別人不知道廁所內有人突然拉門，雙方都會嚇一跳！

伊斯蘭教徒上完廁所都是用水沖洗，不是用衛生紙清潔，廁所地板總是濕漉漉的。兩個禮拜前上完廁所要起身的時候，突然覺得大腿一陣刺痛，好像被什麼東西咬了一口，嚇了我一大跳，原本以為被蠍子螫，仔細一看，才發現原來馬桶圈裂了一條縫，坐下時因為體重會使裂縫撐開夾住皮膚，起身時夾住的皮刮到裂縫邊緣，產生被蟲螫的錯覺。接下來的兩個禮拜，如果我有急事，例如趕著上刀開會，上廁所忘記了，就會被馬桶「咬」一口。如果不趕時間有記得，上廁所時就要戰戰兢兢，努力把屁股移到沒有裂縫的地方，雙腿用力分散體重，努力避開馬桶怪獸的攻擊。

為什麼不修理？其實第一時間發現就已經向總務反映（而且我不是第一個抱怨的員工），但是戰爭後當地交通不便，物資缺乏，沒有馬桶圈零件，巧婦難為無米之炊，技工也莫可奈何。所以每天上廁所的時候，都非常驚險刺激，一方面耳聽八方，聽到有別人走進來準備上廁所，要提前一步拉住門避免走光。一方面練習深蹲，避開馬桶圈裂縫，一方面注意潮濕的地板，不要踩到髒水。每次上廁所都比開一台刀還要全神貫注，驚險刺激。

這天上廁所，突然發現廁所的馬桶圈換新的了！但是當我看到新馬桶圈，在廁所狂笑不止，差點流出眼淚，為什麼？看看照片就知道囉！（請見彩頁照片）

無國界的友誼

在「無國界醫生」的志願工作者來自世界各地，臥虎藏龍，每個人都有輝煌的過去和精彩的故事，讓人醉心神往，想與之結交。可惜人道救援工作繁重，除了交換工作上的意見外，很難有機會坐下來慢慢交心聊天。

在外派人員的社交場合，身為少數亞洲人的我，對於西方觀點的聊天主題，比較難插得上話。日子久了，觀察到在「無國界醫生」工作的老鳥，通常有意無意的和同事們保持距離，絕少敞開心房，透漏自己的情感和私密訊息。一來可能有安全的考量，二來外派人員來來去去，完成階段性任務後，馬上就要前往不同的計畫工作，和同事建立感情友誼，離別只是徒增感傷罷了。

雖然天下無不散的宴席，還是要說說我在任務中得到的珍貴友誼。肯亞助產士E和日本助產士M，是我在伊拉克出任務時的工作好夥伴兼好友，現在還不時回想起與她們在產房並肩作戰的美好時光。

E是我兩度到伊拉克都合作過的助產士總監，她有許多在其他MSF計畫工作的經驗。E和我各有自己的專業，彼此尊重合作愉快。E在許多非洲的回教國家出過任務，所以有許許多多顏色鮮豔的美麗衣裳，雖然我們外派人員到醫院就要換制服刷手衣，但短短的上下班時間，她總是把自己打扮得光鮮動人。

助產士總監E和我之間有個默契，每當她向我眨一隻眼睛的時候，就是有特殊保密的個案，例如性侵害和家暴的病例，需要我的醫療協助。

因為當地民風保守，封閉的地方謠言最適合生長，如果病患向MSF求援，卻被當作八卦笑話流傳，對病患心理不但是二次傷害，甚至有可能會危及病患的人身安全。E和我聯手，默默醫治幫助了許多可憐的女孩。因為這份共同維護婦幼健康的熱忱，讓我們培養出良好的合作情誼。

但臨床工作中我們也偶有衝突，每次我向她質問她手下的助產士為何忘記執行醫囑時，她總是用著非裔人士特有突出又黑白分明的眼睛，配上寬寬的鼻翼和厚厚的嘴唇，不可置信地睜大眼瞪著我，看到她搞笑的表情，總讓我滿腔怒火頓時熄滅，化解了衝突。

E很喜歡電影《絕地奶霸》（Big Momma's House），覺得馬丁．勞倫斯（Martin Lawrence）非常好笑，我第一次伊拉克任務結束回臺灣，她知道我還會再去，央求我在網路上下載這部電影的三部曲，在下次任務的時候帶給她。

第二次出任務的時候，我們常常一起躲在房間裡用電腦看這部片，E一改在產房的嚴肅，笑到樂不可支，我們像兩個高中女生格格笑著，邊吃零食邊看電影，度過許多快樂時光。

M則是一位日本來的助產士，在我第一次伊拉克任務快結束的時候到達，可能同為亞洲人的緣故，我和M在工作和生活上都相處愉快。於私我們常常一起烹煮分享筷子料理，例如親子丼、日式咖哩飯、味噌湯等等，聊日本和臺灣的美食和明星八卦。於公一起處理了許多困難的病例，完成了許多助產士的訓練課程，例如子癇症緊急處理照顧，血液加溫器的使用，降壓藥物給予等等，如果沒有M的幫忙監管，一遍又一遍不厭其煩地重複教導，產房裡可能有著層出不窮的醫安事件影響病患健康，而個性急躁的我可能會在產房氣到腦出血。

M不論面對家屬多麼無理的要求，助產士粗心犯錯，她都秉持著日本女性溫柔禮貌的態度一一應對，解決產房裡的疑難雜症。常常下班的時候，她是最後一個上車的，在回程的路上累到頭靠在車窗玻璃上秒睡。但是第二天她一樣打起精神，溫柔有禮地處理繁雜的臨床和行政事務。

E和M都比我提早結束任務，前後回國，雖然不捨，但也為她們能和家人團聚而高興。衷心期待將來有機會，能和E或M在某個陌生的國度中再次相遇，一起搶救媽咪和小嬰兒，一起看《絕地奶霸》，烹煮親子丼。

MSF世界盃

有一陣子伊拉克示威的緊張情勢稍微和緩，醫院主管就籌劃舉辦一次野餐，除了外派人員外，也邀請本地員工參加，增進雙方友誼和合作默契。這天終於成行，一早天氣不錯，廚師和本國員工準備了許許多多的食物。我們把東西搬上車，朝向公園進發。到達目的地後，大家開始準備。有人把桌椅擺好，食物擺上桌；有人捲袖子生火，為 Kebab 做準備；也有人（像我）什麼都不會，翹腳看著風景等吃。

伊拉克宴席豐富，有灑滿堅果的手抓羊肉飯、優格沙拉、各式烤肉。伊拉克式的烤肉果然澎湃，除了有醃好的雞肉和羊肉串、漢堡排，印象最深的是伊拉克烤魚，從底格里斯河中捕撈的大隻淡水魚，對剖但背部相連，夾在鐵網中，插在猛烈的爐火旁烘烤。等到肉熟魚香，眾人合力把桌子排呈長條型，擺滿了肉串、魚肉、蔬菜、大餅，大家猛烈進攻，大快朵頤。

伊拉克大餅質地和印度的饢有點像，形狀是圓的為主，但也有許許多多其他的形狀。一般都是一疊一疊的販售。這種大餅非常的多用途，撕一塊餅，可以先當容器，盛裝著肉塊蔬菜，先吃肉，伴著蔬菜、餅皮當佐菜，吃完還能用餅清掃盤底吸湯汁吃。最後餐會結束，傾倒在飯桌和周邊地上的液體，也可以用剩下的大餅當抹布吸水清潔。

心滿意足地吃完大餐後，三三兩兩坐著聊天，還有當地員工帶來水煙筒（Shisha），好友圍坐一圈，將水煙煙嘴一個傳一個接替著吸。我從未吸過水煙，很想在離開伊拉克以前試試看。當地員工知道以後，馬上遞給我，教我緩緩地吸吸看。

在眾人好奇的注視下，我含住煙嘴輕輕吸了一口，喉嚨瞬間充滿薄荷和中東香料混合的涼涼水蒸氣，雖然沒有刺激不適的感覺，但還是被前所未有的奇怪感覺嚇了一跳。當地人看我皺著眉頭，滿臉緊張地吸水菸，紛紛笑了起來。

熱愛運動的人在公園草地上，用廢棄的破桌子做成球門，分成兩隊踢起足球比賽來，其他人在一旁吶喊加油，平常看起來溫和的同事們踢起球來奮不顧身，抄球阻位，殺氣騰騰。進球的時候，來自各國的外派人員和伊拉克員工，不論是屬於哪一隊，一起跳躍歡呼，這是一場屬於ＭＳＦ的世界盃！

專欄

珍珠奶茶外交

我所去過的中東國家（阿富汗、伊拉克），當地可能因為曾被英國統治過，所以都有喝紅茶或綠茶的習慣。吃完飯，當地員工都會坐成一圈，用茶壺沖滾燙香濃的紅茶，用小小的玻璃杯裝著，裡面加上大量的砂糖喝。

美食是最好的親善大使。在出任務以前，為了向其他外派人員介紹臺灣，我預先在行李中放了一些乾的粉圓和臺灣黑糖，在剛好放假有空時，燒水煮粉圓。第一道用開水煮，第二道倒水煮開後加入黑糖，讓珍珠入味放冷。再用另一個鍋子煮開水放入紅茶茶包、砂糖，放冷後置入冰箱，做成冰鎮紅茶。要喝的時候加入粉圓，依照外派人員是否喝牛奶，決定要加奶或不加。

大家對珍奶的反應如下：

●日本人：都知道「Tapioca」，而且我在伊拉克的時候剛好是珍奶在東京作為流行象徵登場，許許多多ＯＬ排隊指名的網紅飲料，所以日本外派人員都覺得新奇好喝。

●加拿大和美國人：因為許多臺灣移民已經在各大城市開立珍奶飲料店，蔚為風潮一段時間，所以反應平平，不特別意外。

●歐洲人：比較少人喝過珍奶，所以對粉圓的口感覺得很意外，奶茶也與歐洲英國人常喝的味道不同。歐洲人的味蕾通常比較保守，所以很多人嘗了一口後，臉上出現奇怪的表情，然後就禮貌性地婉拒了。

●非洲人：不知道是不是許多非洲國家都會吃樹薯等類似地瓜的東西作為主食，所以對粉圓大為驚豔，尤其如果在奶茶中多加一些糖，他們更是喜歡。有一位喀麥隆來的外派人員喝完一杯，還向我再續杯呢！

終章

在助人之路上，走得更長久

心理危機處理

在出發進行救援工作以前，MSF會為外派人員安排一系列的行前說明，叫做PPD。其中一堂有關壓力管控的課程，是由MSF的常駐心理治療師講授，在OCB總部共有三位心理治療師為外派人員擔任心理諮商的工作。在出完任務以後，為每位外派人員提供一次免費的心理諮商。

根據統計，MSF外派人員最常諮商的問題前三名分別為：精力耗竭（exhaustion）、超時工作（overwork）、同事衝突（conflict with colleagues）。

在救災的過程中，工作人員常要面對許多因天災人禍受苦受難的人，例如戰火荼毒、酷刑折磨的生存者、被強暴後的女性等等，再加上大量的工作和不佳的生活環境，外派人員的心理健康狀況常常會出問題。

在巨大的壓力下心理狀況亮紅燈的第一個現象就是同情心疲乏（compassion exhaustion）。當醫護人員看到太多太多無解的人道困境，只好視而不見，對於他人的苦難越來越淡漠，提不起勁來助人。

再來就是變成容易為小事生氣，曾經有一個外派人員女生，突然在宿舍中對著冰箱大哭起來，原來她帶來的Nutella榛果果醬被別人偷吃了。長期情緒亮紅燈置之不理的時候，身體就會耗竭。當身體承受不住的時候，外派人員就會崩潰生病，無法繼續工作下去，提早打包回家。

第一次出任務到阿富汗的時候，對外派人員的工作內容和角色設定沒有太清楚的概念，以自己在臺灣醫院工作的經驗來執行任務。雖然PPD有上過相關心理調適的課程，但面對超級龐大的工作量，短缺的醫藥設施，語言不通的當地員工，耗損許許多多的精神氣力，最後還是陷入許多外派人員的地獄：

- 耗竭（burn out）：每個病人都想救，每件事情都要做到完美，面對潮水般湧入，生產數一天破百的產房，神經緊繃，腎上腺素狂飆。加上生活環境截然不同，氣候寒冷，飲食口味不同，睡眠不足，身體長期處於過勞的狀態。
- 憤怒（anger）：這是什麼爛器械？連這麼簡單的事都做不好？上次教的步驟又忘了嗎？各種醫療業務的不順心，都可以引發我滿腔的怒火，想要找人吵一架。
- 沮喪（depression）：我來這裡幹什麼？所做的、所教的這一些，真的對當地人有用嗎？那個好不容易救回來的女寶寶會不會被重男輕女的父母丟在深山自生自滅？竭盡全力還是沒有救回的人命，是有什麼沒做好的地方嗎？自我的質疑檢討，讓人心情沮喪想哭。

當自己意識到筋疲力竭，身心出狀況的時候，首先和直屬的上司談談，如何重新安排工作，從過勞的環境抽離出來，好好休息放個假。

在緊湊的工作之間，穿插一些小確幸，例如在天氣晴朗時把午餐拿到花園慢慢吃，泡一包從臺灣千里迢迢帶去的泡麵加顆蛋，和同事一起看《星際大戰》三部曲，都有神奇的療癒作用。再來就是倒垃圾（Speak out），和同事聊聊工作上的困境，在 Skype 上向老公靠北特別難搞的病人，寫寫日誌吐吐苦水，都可以讓壓力釋放，讓我有勇氣面對明天更大的挑戰！

人道救援工作的挑戰

人道救援工作，永遠都不只是處理醫療的問題而已。從對外因應動盪不安的環境，與各國同事相處合作，對內克服自己內心的挫敗感和恐懼，都是巨大的挑戰。

在臺灣的醫院工作，硬體方面有完善的醫療設施，各類型的藥品耗材供醫師取用，軟體方面有明確的法規準則，訓練有素的人員協助醫師執行業務。如果病人的狀況嚴重，超出醫師能力範圍，可以諮詢會診其他專家，或者轉診到醫學中心接受最先進完善的治療。

習慣臺灣完善執業環境的醫生，被空降到一個鳥不拉屎，落後混亂的地方，面對常常跳電，藥品短缺的醫院，和語言無法溝通，整日雞同鴨講的當地人員共事。用平常一半不到的醫療資源，卻要處理比平日困難危險數倍以上的病患。

曾經有子癇症失去意識的病患，送到醫院前已經在家抽筋好幾天，寶寶也已胎死腹中，剖腹產下死胎後狀況仍持續惡化。因為狀況嚴重複雜，超過能力範圍，需要轉診。可是到首都喀布爾的醫院車程要八小時以上，當時又因為是半夜宵禁不能移動，看著病患瞳孔慢慢渙散放大，二十歲的年輕生命就在醫師面前緩緩流逝，嚥下最後一口氣。想救的人命救不回，是醫師心中最大的痛。如何克服工作上的挫敗無力感，是人道救援工作上最大的挑戰。

MSF中有著不同國籍的外派人員，南腔北調的英文，光溝通就要花一番功夫，更不要說因為不同文化背景與工作態度產生的歧見需要克服。在伊斯蘭教的保守環境工作，男尊女卑，病患如果有重大的醫療決策，例如切除子宮或結紮，都須透過男性醫護人員和男性家屬溝通才能決定，真正執行和接受醫療的女醫生和女患者，卻沒有話語權，這在臺灣的醫療環境是很難想像的事。

由於當地的女性很少能夠接受高等教育，女醫師非常稀缺，年輕女醫師自己也會懷孕生產，流動率高。與她們共事，如果要求改善，當地的醫師表面配合，但私底下我行我素。後來意外發現，即便是資深的當地醫生，也不太會操作超音波。

原來當地私人醫院超音波檢查利潤豐厚，被特定人士把持。醫生只能根據檢查報告來執行治療，不能親自操作超音波。利用教導超音波操作為交換條件，誘使當地醫師配合ＭＳＦ準則執行醫療業務，成效相當不錯。知識就是力量，如何讓當地員工信服，願意配合執行工作，也是挑戰。

身處衝突區（conflict zone），狀況百出的動盪局勢也對人道工作造成很大的挑戰。在伊拉克工作的時候，碰到因為當地政府人員虧空公款，發不出公立醫院的薪水。醫護人員罷工抗議，病患無處可去，大量湧入ＭＳＦ的醫院，暴增的生產數讓人吃不消。同時也發生巴格達示威抗議和鄰近敘利亞戰爭等種種國際事件，導致ＭＳＦ從歐洲運送來的藥物和耗材中斷，醫療用品緊縮，增加行醫的困難。例如有一種醫療器材 Bakri balloon，是可以打水鼓脹的彈力矽膠球，用來放在產後收縮不良子宮內，壓迫止血使用，原廠貨一個要價五百美元。耗材中斷後，利用尿管和保險套組合，取代原廠貨，一樣有壓迫止血的效果，但只要十美元，而且來源不會中斷。如何發揮創意，運用有限的資源完成醫療業務，在在考驗外派人員的智慧。

面對無所不在的恐懼也是挑戰。到戰亂頻仍的地方工作，說不害怕是騙人的。從一下飛機，到處都是荷槍實彈的軍人，架著機關槍的吉普車從身旁呼嘯而過，建築物外面都有高高的防撞圍牆和鐵絲網，就可以感到戰地緊張的氣氛。在醫院工作生活，每天都可以聽到醫院圍牆外傳來爆炸或槍聲。

爆炸的隔日，當地的員工會告訴你，昨天醫院附近的清真寺遭到炸彈恐怖攻擊，死了二十八個人。

醫院的老鳥同事會警告你：平常走路，盡量找有屋簷遮蔽的道路行走，免得圍牆外的流彈亂竄，運氣不好腦袋就會開花。

首都有示威遊行，為了阻斷民眾對外的聯繫，政府當權者會把網路切斷。外派人員無法對外通訊，好像魚缸中的金魚，隱約知道有動亂，但是卻不知道確切的狀況。臺灣的家人只看到國際新聞上政府軍對示威民眾開槍掃射的畫面，卻怎麼也連絡不上。未知的恐懼好像癌細胞，在心中蔓延擴散。

為了克服心中的焦慮，試著讓注意力集中在工作上，發現有這麼多需要做的事，需要救的人，當自己全心投入，完全沉浸在繁忙的醫療業務中，心中的癌細胞，就神奇地慢慢消失了……

臺灣醫生其實還不賴

申請「無國界醫生」後，一得知資格審查通過，心中一則以喜，一則以憂。喜的是即將成為臺灣第一位婦產科專科的無國界醫生，感到非常光榮。憂的是即將和各國優秀的醫護人員共事，怕做得不好丟了臺灣人的臉。

真正到了救援現場，發現臺灣醫界紮實的醫療訓練，即使是一個小小的開業醫生，和國外有名醫院訓練出來的醫師相比，也能旗鼓相當，毫不遜色。從年度生產人數、急症比例、死亡率的統計來看，我所工作的月份和其他國家醫師相比，是差不多或更好一些些的。相信其他臺灣醫生如果有機會站上世界的舞臺，一定能夠做得更好。

自行開業近二十年，除了醫療業務外，還得處理人事，管理醫藥耗材，和衛福部健保局等主管機關公文往返。這些行政事務的訓練，讓我除了在醫療上治療患者外，更能從改善制度面幫助病人。例如在因應日漸增多，病狀複雜的病患，建立本院納布盧斯醫院和社區助產所 Al Rafidain Midwifery 雙向病人轉介管道，紓解產房的壓力。新建開刀房的過程中，籌組開刀房會議（OT meeting），多方溝通開刀房軟硬體籌建優化事宜。為助產士和當地醫生進行在職教育，增加處理高危險妊娠的知識和能力。安排產房同仁進行產後大出血演習，熟悉處理流程，真正碰到類似的重症病患才不會驚慌，積極處理以提升病患存活率。向上級長官爭取為多產的產婦進行結紮手術，解脫多胎產婦非自願懷孕的噩夢。教育倡導使用血液加溫器輸血，改善產後大出血病患的照顧。

這些零零碎碎的努力，一點一滴地打造出具有高品質的母嬰照顧能力的產房，讓當地婦女能安心生產。

在不懈的努力和當地員工的幫助下，醫院生產數節節上升。甚至有員工在醫療會議上報告，居住在伊拉克其他大城市的孕婦親戚，慕名特別來納布盧斯醫院生產。患者的肯定，是醫生最大的鼓勵。嘿！臺灣醫生其實還不賴的呢！

在地女性醫療人員的困境

阿富汗遵從嚴格的伊斯蘭教禮法，男女授受不親。女性生病，不能給男醫師診視。但是當地女性地位低下，女孩無法受教育，遑論成為醫師。這樣的惡性循環，讓很多女性因為微不足道的疾病，拖延治療而丟了性命。

阿富汗女醫師大多來自較為富裕開放的家庭，願意留在比較偏遠保守的省分執業，主要是想要累積學識和臨床經驗，以後才能到大城市獨立開業。當地醫院雖然產婦很多，但是婦科和不孕症的治療幾乎沒有。當她們知道我有不孕治療的專長後，紛紛希望我能為她們上課，或者幫忙修正專科醫師面試的口頭報告PPT。透過學術的交流，幫助到這些聰慧上進的年輕女醫師。希望她們將來也能運用自己的醫術，造福當地弱勢的女性。

在伊拉克，因為女醫師少，大多數的自然生產都由助產士接生，難產患者才由醫師接手。但產程進展中有突發狀況，或由外面送來的緊急患者，醫師又剛好手術中無法馬上到場，助產士第一時間的處理，往往決定病患的命運。

每天晨會與助產士進行前一天困難病例的討論和教學，從實務中學習急症處理。帶領產房人員進行產後大出血和子癇症演習，建立SOP，讓年輕的助產士碰到緊急狀況能分工合作，迅速應對。

原本有些剛到職的菜鳥助產士，碰到危急病患，會推來推去，膽怯不敢接手。受過訓練後，若有急診病患，年輕助產士們反而爭相站在第一線，想要試試身手。

在伊拉克更鄉下偏僻的地方，沒有醫院，婦女生產只能靠助產士幫忙，這些助產士受完訓練回鄉服務，就能運用所學，幫助更多產婦。

在飽受戰爭蹂躪的土地上，為顛沛流離的民眾服務，這些婦女可能已經受過太多的苦難與不公的對待，只要一些安慰的話語和溫柔的對待，就會感念不已。曾有難產的產婦，用力一個多小時仍然生不出來，力竭喘息，在真空吸引的協助和醫護人員的加油聲中，終於平安生產。因為言語不通，產後的她伸出手使出殘存的力氣，將我拉入懷中，用汗水濡濕的臉頰貼上我的臉頰，表達她的感激。

看著她眼中滿滿的謝意，不禁幻想將來這個產婦會在睡前為孩子講述床邊故事（伊拉克首都巴格達是《一千零一夜》故事的起源地）時說道：很久很久以前，曾經有一個醫生從很遠很遠，一個叫做臺灣的地方，千里迢迢飛到這裡，看到媽媽肚子痛痛，醫生阿姨就在媽媽的肚子上吹了一口氣，施了魔法，一個完美的嬰兒就從媽媽肚子裡跳出來，降臨這個世界，這個寶寶就是今天的你。

也許，只是也許，這個故事能讓這個孩子長大的過程裡，心中多一些些溫暖，讓這個世界上少一些些仇恨，多一些些幸福。

在臺灣的土壤灑下善的種子

回到臺灣以後，接到許多演講的邀約，希望我能分享這段特殊的人生經歷。在高中和大學演講，看著臺下一張張年輕熱情的臉龐，想起自己也是在相同的年紀首次聽聞「無國界醫生」組織，在心中埋下人道救援工作的種子，一晃眼三十年過去，這顆種子經過各種人生經驗的滋養，終於開花結果。希望我也能在他們心中灑下善的種子，傳承經驗，數十年後能夠再次開出鮮艷美麗的花朵。

MSF的經費來源百分之九十是來自於一般民眾的小額捐款，面對全世界層出不窮的人道危機，經費需求增加，但因為疫情的衝擊捐款減少。「無國界醫生」臺灣辦公室也想要盡一份力，派出人員到臺北車站等人潮聚集之處進行勸募。可惜最近以行善為名的詐騙事件層出不窮，造成一般民眾裹足不前，捐款後也不知道自己的錢是不是有幫助到真正有需要的人。

MSF臺灣辦公室邀請我和其他幾位曾到世界各地服務的醫師，以文章、錄製影片、傳單等方式，為MSF的工作做見證。讓對人道救援工作有興趣的民眾，了解「無國界醫生」的精神和工作內容，能夠安心捐款，把臺灣愛心的種子，散布到世界各地生根發芽。

二〇二一年八月美軍撤離阿富汗，塔利班重新奪回政權。阿富汗婦女人權倒退，處境岌岌可危。由於國際事件的發酵，透過「無國界醫生」組織辦公室安排，接受許多媒體的邀約，介紹阿富汗婦女困難的處境和人道救援工作的重要性。伊斯蘭教國家男女授受不親，女性生病只能給女醫師治療。在阿富汗塔利班的管控下，女性不能任意出門工作受教育，女醫師非常稀少，許多女性生產只能在家由親人接生，稍有不順，就是一屍兩命的慘劇！對照臺灣女性，能夠接受高等教育，在各行各業嶄露頭角，與男性齊頭並肩。生產時有醫院照顧，產後在家人呵護下好好休息坐月子。命運真是天差地別！

在落後資源匱乏的地區，女性由於宗教、交通、貧窮、社會地位低下因素，很難接觸到醫療資源。生產方式以陰道自然生產為主，盡量不剖腹，以免下次生產時剖腹的傷口破裂造成危險。在臺灣由於醫療資源充裕但醫療糾紛多，平均剖腹生產率高達百分之三十六，對照阿富汗只有百分之二。這個數字引起其他臺灣婦產科醫師的好奇，邀請我在「婦產科醫學會」和「周產期醫學會」年會中演講，分享各種困難生產的ＭＳＦ經驗。

阿富汗和伊拉克雖然醫療環境落後，但也因為這樣，還保留許多傳統不需仰賴高科技的接生方式，在特殊的難產狀況可以派上用場。演講結束後引發許多迴響。最特別的是收到一位其他醫院的婦產科女醫師在臉書上反饋，她利用我在醫學會介紹的特殊接生方式，幫助一位難產的媽咪順利生產。開心地發現：嘿！原來阿富汗經驗，在臺灣也可以助人啊！

出任務的時候，會以日誌的型態記錄下真實的救援現場，讓自己能記得這段神奇的經歷。由於寫作的當下還在任務中，工作繁重，每天拖著疲憊的身體回到宿舍，殘存的精力只夠逐日記錄事件，平鋪直敘，沒有太多的描述和情緒。

回臺灣後利用空檔整理日誌，放入感情，把裡面的故事寫得更完整立體。和女兒心心（梁睿心，長庚中醫醫學生）分享日誌，她閱讀後覺得很有意思，自告奮勇幫我成立臉書粉專，編輯圖文，和網友們分享媽媽奇妙的冒險旅程。

除了一般網友外，許多醫療工作人員也訂閱按讚，迴響始料未及。網友和朋友們鼓勵我將文章集結成書，分享給更多的人，才有今天這本書的誕生。

後記

身處臺灣，看向世界

從阿富汗和伊拉克回臺灣後，斷續接到許多演講的邀約，我也很榮幸與許多對ＭＳＦ好奇的人分享我特殊的經歷。但是短短一個小時的演講，很難呈現ＭＳＦ人道救援工作的全貌。本來安排好二〇二〇年三月我要重返阿富汗進行三個月的任務，也因為新冠疫情而被迫取消。

趁著大家都居家避疫的空閒時間，把這兩次任務的工作生活日誌做個整理，編輯出書。期待文字的傳播，能夠承載著助人的種子，在臺灣社會的每一個角落萌芽茁壯。

前面提到，MSF外派人員兩個重要的工作任務：第一個是醫療工作，第二個就是為MSF的工作做見證（法文：Témoignage，英文：bearing witness）。讓大家知道MSF做了什麼？為什麼要這樣做？民眾的善款都用在哪些方面？幫助了那些人？

希望這本書能夠部分解答這些問題。如果能在某些熱血青年的心中埋下種子，發芽茁壯，讓更多的人能成為MSF或其他人道救援工作的生力軍，那我更是開心。

回顧自己的MSF旅程，奇妙豐富，雖然跌跌撞撞，好像也完成了一些事情。非常感謝這段旅程中曾給我幫助的人們，希望疫情過去，能再有機會踏上旅程，繼續在屬於我的戰場上，為世界另一端搏命生小孩的女性服務。

謝謝！Manana（阿富汗帕什圖語謝謝）！Shukran（伊拉克阿拉伯語謝謝）！

謝辭

我想感謝……

我的先生梁文議醫師，因為他一路以來的支持，讓我能勇敢追尋夢想，活得開心暢快。

我的女兒梁睿心，因為她的構想，讓我的日誌能夠慢慢長大茁壯，變成一本內容完整的書。

「無國界醫生」臺北辦公室的同仁，指正書中許多與「無國界醫生」組織相關的細節。

我的同學陳維德醫師、溫哲昇醫師、邱瑞祥醫師，在出發前後照顧我的身心健康。

謝謝陽明醫八一年班的同學，在我的病患出現難以解釋的病徵時，給予許多寶貴的意見，協助我抽絲剝繭做出正確的診斷。

最後謝謝所有的婦產科患者，妳們是我的良師，我的益友，從病人的身上，我觀察到病程的變化，學習到各種醫療知識，也看到身為女人的偉大。因為妳們的故事，讓我的工作充滿感動和生生不息的力量。

國家圖書館出版品預行編目 (CIP) 資料

我的戰場在產房：無國界醫生在阿富汗、伊拉克迎接新生命的熱血救援記事 / 王伊蕾著 . -- 初版 . -- 臺北市：大塊文化出版股份有限公司 , 2022.08
面； 公分 . -- (Mark ; 173)
ISBN 978-626-7118-62-7(平裝)

1.CST: 王伊蕾 2.CST: 醫師 3.CST: 回憶錄 4.CST: 臺灣

783.3886 111008664

LOCUS

LOCUS

L O C U S

LOCUS